Welcome! I'm thrilled that you've chosen diving into the word search adventure, a special treat awaits you on the next page in the form of a QR code. Scan it and explore my website to unwrap delightful gifts—I'm confident it'll bring satisfaction. Discover what awaits you!

Now, let's go over some quick guidelines for the Word Search. This book comprises 101 puzzles, each featuring 21 words. Puzzle themes vary. You will have to face words related to astronomy, vegetables, gardens, fruits, plants, professions, sports, etc. Everyone will find something interesting for themselves! The final puzzle has a hidden message as a bonus. Would you be able to find out the hidden message?

damian
publisher.com

To make your search a little easier, I will tell you how the words are arranged.

Letters of single words may overlap. Example below.

Scan me!

Here is the QR code I mentioned on the previous page. Scan it now and enjoy additional gifts or you can simply enter the link into your web browser. The website address is:

www.damianpublisher.com

I wish you lots of fun!

– Damian

2

Sincere thanks to my devoted customers. Without you, my work would make no sense.

Ronald – Lubbock, TX	James – Newark, JN
Noah – Saint Paul, MN	Emma – Carson City, NV
Jacob – Norfolk, VA	Miley – Spokane, WA
Oliver – Saint Paul, MN	Ronald – Henderson, NV
Mason – Madison, WI	Oliver – Saint Paul, MN
Jordan – Augusta, ME	Robert – Plano, TX
Katty – Santa Ana, CA	Sarah – Newark, NJ
Jackson – Carson City, NV	Natalie – Reno, NV
Veronica – Aurora, CO	Michael – Aurora, CO
Daria – Chula Vista, CA	Victoria – Glendale, AZ

If you would like your name to appear in my next book as a sincere thank you to my customers, send me an email and I will include your name here!

Email Adress:

office@damianpublisher.com

I can't wait to see a message from you!

– Damian

Animals #1

```
R P J Q K L U U P O L A R B E A R H K N
T C E L E P H A N T Z S Z V L O V P G H
H O H N T G S D U V M Q C E E O H G R P
X O C I G H H F Q S N A B L B L D J B H
K R V D M U P K S M V U L H G R R Z O V
K A K M O P I G G L H G W C I Z A C W R
I N A W J L A N R O O Y H F R W Z D G L
M G N J H B P N P M R T Y E A X O A W M
Q U G B I H E H Z Y R I H I F H E L M Q
N T A F P B E R I E K F L E F I M I F U
L A R R P A G S G N E L L E E Y C T M
J N O X O D L I O N R I K O A J C M E X
T A O M P D T W Z M D W R L D F N A K J
F N G F O G K H S O L W H O L R F Z S G
P N R U T O H F C A Y M I J C K Y J P T
K F J E A T K O M U G B N B K Z W X Z Z
W G B C M R R I U U A M O Y X O K R X I
M P T H U C N J S Z H V E J Z Y A M B L
N T Y Y S A W R O K K K S Y O N F L T I
J D U C W Q O B C M C H E E T A H O A Q
```

ANIMAL	CHEETAH	CHIMPANZEE
CROCODILE	DOLPHIN	ELEPHANT
GIRAFFE	GORILLA	HIPPOPOTAMUS
JAGUAR	KANGAROO	KOALA
LION	ORANGUTAN	PENGUIN
POLAR BEAR	RHINO	SLOTH
TIGER	WOLF	ZEBRA

Animals #2

```
K Z M D D B O L W T R H Q L Y Q Z B T A
X U R E Z I I M E U F H L D S L O K I L
U V K N Y S S T F Z X O E X T K R I G B
H R C W R O B H Z B D J Y W P H A N E I
X V Y R W N W O L E O P A R D E C G R G
G P A N T H E R Z Y R P Q M M D C F S F
L S B A L B A T R O S S K K P G O I H J
Q O T Z H O H U R G L O X Y E O S A M
W S B E U Y H P A N D A A K R H N H R V
H T O I W O E R W R B N L V M O B E K C
A R U V A R T A B L U B A T G G D R S A
E I I D L S D F Z J V W V R S H P F B R
J C T A R A N T U L A U X U W P I O E A
H H B L U E W H A L E O F N L H N X A C
T L K F S S O C N W O Y T G T A P R A
K R I N V S U T B G A O V T T Q U L C L
T M L R A F E E T O H J E Y I I I R S W
I U T J E N U S N E W A X J T Z J C E D
E X D H Y H K R Y R R F X D E R A F O T
Q Z K X A Z H M O W L T M F O A M N G E
```

ALBATROSS	BEAR	BISON
BLUE WHALE	CARACAL	FOX
HEDGEHOG	KINGFISHER	KOALA
LEOPARD	NARWHAL	OSTRICH
OTTER	OWL	PANDA
PANTHER	RACCOON	TARANTULA
TIGER SHARK	VULTURE	WALRUS

Animals #3

```
C I E W N F T E B J B G M H M N J G L Q
I T M H Y M P Z Q E G O E M W L R Z Q A
X E R G I O E B T K R R E J Q T I P W R
V Y N X L N Y E S D D I R E K E F A V J
J Z N E M P B L L V Z L K Q Y M C E T Q
Q P T J A C K A L U C L A D Q A L W I Z
R N U E B Z C C E R X A T O M G L S H M
A Z P F G T L O X Q S V G Q A U S X D K
I Y T B F J B P K Y N C E O Q J R R O
M G D I I I H R P L I Q F P H B N H I E
J K Y S H M N A M M A V V T P L I P K Q
B B Y O B F B X A L A T J B C I A J L H
V E T N X R A L B R C W Y I A L D X A T
S Z A B G Q F V A J A O Y P K B N V N P
A L L R O H B B P V E M U E U Y O X Y G
V M M W F Y Y Z C Q I T O L S I O C Y
Q F C T L P T E F Y A J S U S N Z G N N
X O B I A A Z H N C W A L R U S J W F R
N K P C K W Y C R A R M A D I L L O X J
T M G S K T W O L V E R I N E U V A R I
```

ANTELOPE	ARMADILLO	BABOON
BEAR	BISON	CAPYBARA
COBRA	EAGLE	EMU
FLAMINGO	GORILLA	HYENA
JACKAL	LYNX	MACAW
MEERKAT	ORCA	PLATYPUS
PUFFIN	WALRUS	WOLVERINE

Animals #4

```
Y P N L L Z O K Q P E T A V G L O I G S
M Q B F G G H E A R X H D E K N A R F G
O S I B I P E V J J S C W K C M W A Y Y
C A S L Z T I Z O I E G U N U E C T S F
T N O V A A G R F V Y U F P V X G T L O
O U N N Z U B Y A A X O L O T L R L V L
P W A T C L L F G N U S V N A T X E F E
U M F D E L W N A O H W S X N J B S L N
S B E V E B O P Z C W A N H A P T N A P
B X O J V K O T E E L Q F E R I G A M E
Q R I A A A C Z L L T X P A W Y K K I A
W D F N R N Z S L O G P S I H L S E N C
V W N G D J T S E T O J V L A Z B I G O
S I H T O U C A N H R M A F L A X Q O C
J U O R Y G B Q Y E I R X E O H J G W K
R H I N O C E R O S L B F R G R N I C L
J K A N G A R O O X L A F D M I C R O G
Z Z O H D P Y M J R A L D X D A O A L N
G F S M O K A P I K B X L B F X D V G S
D D C O K K Y Z X K C B C Y B M F Z D R
```

AXOLOTL   BISON   BOAR
DINGO   FLAMINGO   GAZELLE
GORILLA   JELLYFISH   KANGAROO
MANATEE   NARWHAL   OCELOT
OCTOPUS   OKAPI   ORCA
PEACOCK   PIRANHA   PUMA
RATTLESNAKE   RHINOCEROS   TOUCAN

Animals #5

```
N C T V J B A T C M O D L Z O K M S M S
E S V Q X G O R I L L A W H Y Q V A L Y
V R E V Z V Y S A G I B B O N N P L F T
N E D A P O R C U P I N E M V I C A T S
P T P L H T M Z W X D G O A J Y S M V W
K A P C I O I D I U N B V N B G C A F T
S R O F H F R A B O Y A C A A J E N X D
U S R B K A A S G J H D L T U G C D A O
Q I P K N E M U E D Z G D E T R I E C F
S E O D V T D E H W Q E H E V R D R H A
J R I I V W A N L W X R A S P X Z F I K
Q R S A M C X P J E L S C O A T I E N K
O J E K D O O X I F O Q R P L D S D C V
Y X C O K D N E U R J N G J L I K K H U
S N S A G U M G O E M U N G O K X L I A
K A Y L P E A C O C K Z X T R F Z J L I
Z G U A N A C O G O O V R N U R V F L R
F J A Q Z O W K E Z S O B S K U E C A R
V M A C W L L B O V T E X O P E I Y J G
A N P K Z J T O J X B A R R A C U D A E
```

BADGER	BARRACUDA	CHAMELEON
CHINCHILLA	COATI	DUGONG
EMU	GIBBON	GORILLA
GUANACO	KOALA	MANATEE
MONGOOSE	PEACOCK	PORCUPINE
PORPOISE	SALAMANDER	SEAHORSE
TAPIR	TARSIER	TORTOISE

Birds #1

```
P M P G Q S Y E S G F L T H T W J R N H
M A V B X Q G V M Y U H P B X H A W K N
M Y O Q I Q B B S P C U M B I U P M W S
F S E A G U L L Z H R M H J O R K Z N O
Y P E L I C A N U P O M H Q A R D B Y V
B P I G E O N D G U W I Q C O Y R H C M
D L X X F E T F I J Y N C T Y T O E O S
T Q Q H S Y R G K F C G S B F V B J K G
H C N E H R G L C R D B E Q A C I R A D
I Y X R P T I Q W X W I M O L R N F E C
Z S U O I Q N V H K D R P W C D W L T M
P L S N G Y P Y J O Y D W L O B G N L F
P E O W S M M H A K G V V G N A B K R C
O Y W U A P L D F W R E J O E B T N G Y
Z F J L Z L A A U M F N Q S Y I D U Y P
N K B I F M L R F C L N O G O O S E Z S
F I N C H Z M O R Z K D L M H I K G T J
Y C X Y B D B Z W O B M Y N C R A N E G
R U B H G U J J C D W M P T T G T D W P
W O O D P E C K E R S M Y V A V X W B G
```

BIRD	CRANE	CROW
DUCK	EAGLE	FALCON
FINCH	GOOSE	HAWK
HERON	HUMMINGBIRD	JAY
OWL	PELICAN	PIGEON
ROBIN	SEAGULL	SPARROW
STORK	SWALLOW	WOODPECKER

Birds #2

```
J O U I Y S X N Z H M X O M D X V M S W
S H W J W N L N I Y A J R R V K Y F R I
A Q E Q U M A V U G A D Q F I C I X B K
N C G N X C A U R Y H E W A A O J W G X
D U R W U Y R G E H S T P V K P L P I S
P C E O L Y Z U P U N M I N X C G E R K
I K T E P P N M O I H T N N V M G K R B
P O S W E U K R W Y E Q R Q G O A A A G
E O R J A K G X M L R H E S P A L Q L Z
R W K C I R E S Q U A I L B U C L Q B G
G G F I V S B D K I D F Y J F X U E A H
J S G P N H B L Y D D Z Q K F A D R T Z
L N N V V G G L E Q U W M I I L T K R Q
A I N T U R F V U R P X U D N J Z Z O Z
A C O H L N Y I Z E K R K H Y H Q W S C
B J F N T P C Z S Y B F T Z W S Q W S I
K A A R U T D I W H S I E U R R I U X G
R X A Y R R Y T X B E I R G Q N E D B Y
D Z X S E S W I F T Z R N D J P T N P V
T A D N V B F S F R B X E P F R W M I Y
```

ALBATROSS	BLUEBIRD	CUCKOO
EGRET	GROUSE	JAY
KINGFISHER	KIWI	LARK
MAGPIE	NIGHTINGALE	ORIOLE
PUFFIN	QUAIL	SANDPIPER
SWIFT	TERN	TOUCAN
VULTURE	WARBLER	WREN

Birds #3

```
N P P N T L Q C O R M O R A N T J A G N
U F A J L T I Z E J V B M K U H A P Q Z
Q N R V I B I S H O D P L S O N E O T E
M F T E T K O O K A B U R R A T X O X Q
S O R D Z S K W T H R U S H R Q A W T K
P S I W L N P P N Z X L U B M A B X E G
Y S D H I P T O L X B G P W P I I G E R
Q F G Q W I Y M O R Z J V S Q N K L Y H
J R E V N L D G A N N E T Q B I I L L M
N B Z C B I C O Q O B G Z R Q W T R E F
Q W C U A T R B V H S I Q B J Y E B P F
K A S R S E Y K U E O P L C G T E S A A
F X M L H A K R I N N P R L V R U Q P O
S W O E R L X B X K T M N E G G W D J U
S I E W I N L E U Z C I P Q Y S R D U L
C N G E K M M M U R R E N G W K E Z T N
E G P Z E N Y D A K B W F G X E N X M K
O E V O V X I R M U U P L O V E R N R B
L E A J G R O S B E A K L R X X I U Y P
B A E M J A F W W H X N H H C X M H Z R
```

BUNTING	CORMORANT	CURLEW
DOVE	GANNET	GREBE
GROSBEAK	IBIS	KITE
KOOKABURRA	MURRE	OSPREY
PARTRIDGE	PLOVER	RAIL
SHRIKE	SPOONBILL	TEAL
THRUSH	WAXWING	WREN

Fish #1

```
Z S W K Q F X X T F C F P S A L M O N F
J M Y I T Z K B D Z J R Z D W F S H S Q
X Y F E L H S Q N Z E I K A J A W Q H M
G N I L G O G V Y P Y W F J K P O H G A
N S B H O R F U P Z L Z O P C Q R U N N
A A W O M U O A O Z Q Y J Z L C D J Z F
N G S A H C N U M H A D D O C K F Z M U
X Q H S N S A D P Q M W G F D I I H L E
S B A A P C Q T E E J A B C H W S B F M
T Q L R A T H M F R R B C C Y U H N E U
U E I D E R M O G I B O R K Z A F M Q M
N K B I E O A J V T S E J R E X S H O E
A X U N D U H U I Y P H P K S R C H H V
E P T E E T I R C N K C A R P J E J N E
W V N G G P M L N H M E J T C W T L C Z
A F F R K I A F I X W K E I M M J C I G
O A B D F K H I X N A T I L A P I A H P
E Z A F B E I S W D D U M K A E W H F Q
A B C L P W R H O D F B A S S F X N X O
O B J B R U U C D P X E X S M P I G D Y
```

ANCHOVY	BASS	CARP
CATFISH	COD	FISH
FLOUNDER	GROUPER	HADDOCK
HALIBUT	MACKEREL	MAHI-MAHI
PERCH	PIKE	SALMON
SARDINE	SNAPPER	SWORDFISH
TILAPIA	TROUT	TUNA

Fish #2

```
G Q P G O B Y I A P B E I S A B Q K U S
G S D V M U Y T S H S O A S W F R H Q N
M L I N G C O D F C F W F E H U R G M U
R N T A Y O I H A R S C U L P I N R T D
M O Q U H J S N W O X H J U V F G L K W
B U C A M I U K O A F E J T T B S B K X
B B W K F T Q F Z K G C I P E S B F U V
O Y M N F B I H R E Q F Q E J N N P Y S
A O U V W I L F X R W R A S S E O V Q H
N S H C A M S A M B E R J A C K P Z H N
S S E L B F C H N P M M W Y C R D S O R
W E W Q R D J O Q O A T L E O B I E U C
C L B O N I T O L C R I P V Y F G E F P
Q U F G O E S O A P L C N H E R T L V J
G O F L Z Q B M I R I N M U U A N R H Q
I A E E L U G G T Q N Z L T K L T U Q D
U D R U M Z A Q N M A B S S L W V Z E C
B I G K H I D S P S B A R R A C U D A U
N H E R R I N G M U T N B S H A R K Q H
Q H T R I G G E R F I S H E P B Q J U J
```

AMBERJACK	BARRACUDA	BLUEFISH
BONITO	CROAKER	DRUM
EEL	GOBY	HERRING
LINGCOD	MARLIN	ROCKFISH
SCULPIN	SHARK	SKATE
STURGEON	SUNFISH	TRIGGERFISH
TUNA	WAHOO	WRASSE

Fish #3

```
Y C Q U X O A B U T T E R F L Y F I S H
B L C X Z S Y A H U V P R A S B O R A N
V Z J N U L F C L Q P D O O K G D G C A
Q Q J E L H J C O R A B A R B U A A W R
V V K O S G H L B Q H N H V J P M X Z P
H G M H K S H O V U D D G Y A P S B T T
H G I L T C X W P Z X D S E S E Y E M T W
S E C P P M D N F L H G F R L F L B V T
S M J R E H A F P L A C D S C F F L Q K
W C R F Z P N I W O V T W U Y N I Q X I
O N C E N C I S P O W S Y R Z O S S B L
R T Y E D V O H B Z I T A G N F H T H L
D K I L I K Q Q C G N B C E O S C A R I
T G Y L D A A F S U V F Q O F N C A S F
A N O M E R D B R O L O X N D I M K E I
I H L B T F T G E R X O N F J B L O M S
L P J E Z N I X M T A S F I P Z R I B H
D K T D C F N S C X T Y Q S Q C T V X W
P B I W X X K I H O V A N H X T H X B F
C V A G O L D F I S H C C W Z Q W L H L
```

ANGELFISH	BARB	BETTA
BUTTERFLYFISH	CLOWNFISH	COD
DAMSELFISH	DANIO	GOLDFISH
GRUNT	GUPPY	KILLIFISH
KOI	MOLLY	OSCAR
PLATY	RASBORA	SURGEONFISH
SWORDTAIL	TETRA	TILEFISH

Cleaning products

```
X  S  L  F  T  R  A  S  H  B  A  G  T  L  X  W  T  H  H  N
Q  M  V  Y  E  S  N  D  N  O  P  Z  V  A  B  O  L  H  N  L
E  W  W  K  S  O  V  I  U  B  R  O  O  M  X  P  S  G  R  F
L  I  C  X  D  O  C  B  Z  S  H  H  H  S  S  Z  Q  U  A  Y
Z  N  K  L  E  E  L  L  C  D  T  U  V  K  K  P  Z  H  E  I
H  D  B  E  A  X  T  V  E  V  M  P  J  Q  U  P  R  D  V  D
K  E  E  P  U  Z  I  E  M  A  O  A  A  L  T  Y  T  A  A  R
K  X  Y  M  O  Q  X  I  R  O  N  O  B  N  C  R  V  R  Y  W
O  O  P  B  J  L  Z  T  S  G  P  I  A  L  E  A  C  K  F  D
W  S  U  L  F  K  I  G  J  E  E  T  N  F  E  B  R  K  K  U
A  A  E  M  S  R  Y  S  H  N  C  N  F  G  C  A  P  H  X  Q
A  N  A  D  D  H  L  F  H  E  Y  I  T  A  T  K  C  E  P  D
B  I  B  D  D  P  Z  X  F  E  W  X  M  N  V  T  Y  H  X  W
Q  T  C  V  A  M  T  N  J  S  N  S  C  R  U  B  B  I  N  G
C  I  B  O  D  M  I  X  T  S  C  T  W  G  V  A  C  U  U  M
O  Z  S  K  O  S  O  S  P  O  N  G  E  L  A  X  H  T  R  X
Q  E  J  N  I  R  R  C  J  W  F  M  R  O  W  N  X  N  Q  E
X  R  D  D  O  R  C  Y  M  R  I  S  A  V  F  L  C  M  V  O
U  X  E  L  D  H  Q  N  U  F  X  P  J  E  U  E  S  S  Z  F
M  F  C  L  V  G  N  B  O  H  H  W  E  S  S  L  X  K  M  P
```

BLEACH	BROOM	CLEANING
CLOROX	DETERGENT	DISINFECTANT
DUSTPAN	GLOVES	LYSOL
MOP	POLISH	SANITIZER
SCRUBBING	SOAP	SPONGE
SPRAY	SWIFFER	TRASH BAG
VACUUM	WINDEX	WIPE

Islands #1

```
V H C C E A X S O S J K S V A F T Q G T
S A O K G K B K O Z R A J E B I L D E U
T J R B W E Q O P B M I T F R N M D K Y
L G S N I J V M R A Z E D P J Z Z V J S
S A I R B A Q Y H A R B A Z M Y U J U S
M L C N I R K A X C B C M C Z N M O P E
U A A X Z J B L C R V O O B F Q O X V Y
G P L N A P L I D G S Q R S L M J M G C
N A T I N D D O N E T C U A W I G A W H
S G D R B M W I V B C Q V M H G W U M E
J O F F B U D I R E J F D X A W K I D L
X S M A S A D T U R K S D J W V Z A F L
A J W H N L R T A H I T I U A K S L I E
E A V T A T G B K Y E I T P I B P O J S
L Y I M U T X Y A S Q J N E I Z F M I I
Y S I C I L Y H C D O Z R N D Y D G L D
C J P M P V J P G P O E S K Z J A A X P
S S D Z H M Y K O N O S T M X D B Y K G
J H D D G S C V C T M N S A R D I N I A
S G F H C R F O S A N T O R I N I E O P
```

BAHAMAS   BALI   BARBADOS
BORA BORA   CAPRI   CORSICA
CRETE   FIJI   GALAPAGOS
HAWAII   IBIZA   MALDIVES
MALIBU   MAUI   MYKONOS
SANTORINI   SARDINIA   SEYCHELLES
SICILY   TAHITI   TURKS

Islands #2

```
R M P A L A W A N Y S C A T A L I N A L
C Z A N Z I B A R B O H G N Z C U B A N
M A L I B U H I S P A N I O L A U J T J
T F C A E J W Z K A H K D D X W F X U G
Q R I V F M Y U C X N Q O N U Z C A R W
D E I O P H U K E T G T Y Q R K X A K F
X M Q N E E M H S K I R O L Z W V N S H
M B A Y I L U O U E N A E R N C J B E I
Q F M U K D T E A Y H J N N I L Q L A X
N Y A W I W A B T W O Q V T A N C C A G
A Q U V X P U D V E B U A E M D I F D R
I Q R V A R P L Z S E Z T C C A A N A N
F J I Y A E A K W T I E S V M F A R N G
T J T C X U G V H B R A L A Y L H H H K
X Q I O J W P T I C M M J K S I E X R H
X S U Z W C F K W A F I B I F U O Q D D
N K S M K Q G X H P R I C Q L S E P N O
M O A B A R B A D O S P K G N I B N C D
F W W Z G K B K Z G C W G E W R J H J Q
S O Y Q E N V D T B K O P I W D F V Z X
```

ARUBA	BAHAMAS	BARBADOS
CATALINA	CRETE	CUBA
GRENADA	HISPANIOLA	IBIZA
ISLAND	JAMAICA	KEY WEST
MALIBU	MAUI	MAURITIUS
PALAWAN	PHUKET	SANTORINI
TRINIDAD	TURKS	ZANZIBAR

Milk products

```
N M O Z Z A R E L L A J D W A R B M G U
I C H E D D A R V D R L G R D N T L Y K
P B X X V E L G Y E E X A S B P W B Q O
X A U I M U C I N W U K U U R R S B V J
V N R P Y P U O C U R Y N K I O P R Y J
U C Q M Z O P F J E I J L T E D J C M Q
H E A P E R G L C U C I P S A U U J U H
P A T C A S C U I Q M R C R E C A L Q I
R M Z C F G A H R R Z Z E S Y T M I L K
E Z S W H E Y N E T Y K E A H S N X S L
P A V B V J F T T J M E C A M R Y H V X
M K S U M J T A E P H U M R O M A N O W
Q R I T S U G M F C N P M N E Q D M N C
Q I Q T B B L X U E F N Z U L A Q G Y O
W C M E W L F P M E T F Y E Q G M X H A
N O E R R R K A Z H N A N M L O E I X O
M T O Z L H D K Q R R S A G O U D A R Q
K T J K I E B H O H U J T R Z M R U S Y
B A C A K F A O J P F N J E S G H E E L
N M F Z W C B G C D O K J I R W F V J C
```

BRIE	BUTTER	BUTTERMILK
CHEDDAR	CHEESE	CREAM
EDAM	FETA	GHEE
GOUDA	ICE CREAM	MASCARPONE
MILK	MOZZARELLA	MUENSTER
PARMESAN	PRODUCTS	RICOTTA
ROMANO	WHEY	YOGURT

Trees #1

```
Z Z U D W W W Q D E A F L S Q D R S V B
J Q O E O H V L G D B H A P V I T C S S
H U D K A K I P H X S V B S F J F B K Y
A C C N K T T C M J B L E I H H K E P C
D I G L U Y T W K M M X S Q R V W E R A
C G J N E J H C E O M T U X H C A C L M
Y E L S E U U M Y E R X E L Z T H H O O
C A D W O V F G Q G S V S X L U C C R
W V Y A M B E L C C S H S P R U C E L E
J X S W R C N H Q F D P G Y A F A Y E T
W I L L O W A L D E R N Y Q O L D O S S
K E O G G X R F G O G P G M K R A R I F
N L G C R S R M C U X L P N I F T C T A
P M A E H E O W A I F S Y Y P E V Y H K
O K M R L E D T D P W Z N X T R E E U Y
P P I N E W R W L U L L J S E W S X J W
L I O V M P B R O T K E P R U U B U K I
A O O B Z F O X Y O Z M A H O G A N Y B
R C A M P J R K E V D K A J W R I S E Y
M E I C I P S E Q U O I A B J B D T O Y
```

ALDER	ASH	BEECH
BIRCH	CEDAR	CHERRY
ELM	FIR	HICKORY
MAHOGANY	MAPLE	OAK
PINE	POPLAR	REDWOOD
SEQUOIA	SPRUCE	SYCAMORE
TREE	WALNUT	WILLOW

Trees #2

```
D I M Q L H E M L O C K B A O Y M B X K
Y C B A Y L A U R E L D Z N V W M N M F
R K O P H D I E X L I N D E N W L N M P
G K Y T A N O W U S W O G S P X O F Y Y
G Y G E T U R U E C E Q Z N A M C M Q F
G I B R W O L B G I A V R E L W U Z H C
W F N S G C N O T L B L B A M K S Y X L
A P Q K M R S W W E A S Y S V S T Q N D
Q A L I G Z I R O N A S P P E B X A P M
T B E U N O S J N O I K F R T U P Y E V
H G O L I V E Z W X D A P I H U H O C S
P M R X M C X H U P P Y K M R W S R A Z
N Y O Q W V H E G N C H F F X R F I N E
N F Y R T O Q E E V B A L S A Q U I A R
M F E G K U O P S R A B X D W N U V J D
K I C W L P S D Y T J D E N Q C T M C V
O Z Z Z A A F S I F N Y A T O N F H L B
D Q B Y R L O I Z S R U A D Q P Y E U Q
M M N R C I K M R E K Y T N B D S O T R
V D B E H C T K W U S U I A O R K T T F
```

ASPEN	BALSA	BAY LAUREL
BOXWOOD	CHESTNUT	COTTONWOOD
CYPRESS	DOUGLAS FIR	EUCALYPTUS
FIR	GINKGO	HEMLOCK
LARCH	LINDEN	LOCUST
OLIVE	PALM	PAULOWNIA
PECAN	TEAK	YEW

Trees #3

```
F F X Y A P R U K A U C S Z J K Z Z L
B J U W J C D Y Q S B B L G Z A B J D K
S A M A Q N C I S L N K J Y N W L H O W
E V R W O I O Z E O W J B L I M E P Q W
J O K M T F Q N D K A C T A C Q J I E R
Y C L N I C P A R V J K I C N A M B S C
M A D F B A A S H D F S G T W A C X C O
U D Z K C P P S E S L N O U R A N A D C
U O E H G R G R H V Q S X X E U V A O O
X W Z E P J X R I E Q X B Z G O S T F N
V E J C D Z N J A C W P C Y U Z V K Z U
D I R P M A G E W P O U E P F I G L U T
E E G E A Z T N G P E T B A A P B G K X
M T O A N G Z E A K A D B M C P E D U N
W X T H G W C B C O K P A H Z H A Y L T
E M K T O I M Y F J R O U P Y D X Y Q E
A M T I I D D T M B Y A N E P T S T A D
Y N J D W C R P W A R J N C H L E M O N
L L A S D I G N O L I V E G F Q E M W N
H Q R F I H R R B R S L E U E K D U T E
```

ALMOND	APPLE	APRICOT
AVOCADO	BANANA	CACAO
CASHEW	CITRUS	COCONUT
DATE	FIG	GRAPE
KIWI	LEMON	LIME
MANGO	OAK	OLIVE
ORANGE	PAPAYA	PEACH

Countries #1

```
I P M V R F A F G H A N I S T A N L M U
X F M D A T O B M A L A W I C H K S W S
A Y X O D X V X R J L H V L E A E P G U
V K S J R C I W M V H I D W I L Z H E U
K D K Q A O G X M D H P Z T L R R D N Z
E B Z V M P C A P B R P A E D V H X I D
Y S D V W N A C Q W A O H M E F Y O G B
U K Y Y A F H N O Y R C Q A N A M V E I
K S N D W N E V N C Y K E U M L R B R O
R S W K M S U E S E W Z E R A G J P I N
A I L I S D K A S Z I P H I R E N I A Y
I R K D T O H N T L E S O T K R E D Z U
N A C H P Z Q Q E U E A Q A S I B O V I
E N L M Z Q E B A D E A I N I A X D D P
U C N D I R M R A D N R K I S U N N Y U
U G J F L P U L L N X F D A D A U O N N
X P V I D A G X S A F Z E O L R A Q Z G
O D G J S N Q A B J N K I E U Z E D N J
P D T I A W P E R U Y D C B O E E K G K
E T V B C T C U H I D I F X C W O B S L
```

AFGHANISTAN	ALGERIA	BANGLADESH
BELIZE	BURUNDI	CROATIA
DENMARK	FIJI	ICELAND
IRAN	JAPAN	KENYA
MALAWI	MAURITANIA	MOROCCO
NIGERIA	PERU	SEYCHELLES
SWITZERLAND	UKRAINE	VANUATU

Countries #2

```
J J S L P C E L N S A U D I A R A B I A
S Z U U H I T R J Y C A M P T T Q I V T
C M A G D R R D X L Y A A P V U B G R J
T X S M V A K E I K N R Y O E N B Q C C
N B A Y B B N J L T S G A Z Q I B M I J
F Y O G Z I I X E A E W I B Q S B S C V
M N J C V F A I T S N L P U D I E N S G
W C E E R H V B U C E D U D K A J F S R
I B X U I D E G R B U Q C H I L E O O E
E F R Y E M E N K E Y J A U U P W E U J
B Z E A U O L G E F D L P V S T L F T F
P O I B Z K B D Y B N Q M V Z G Y T H H
S A H E G I O I B H O Y D R B I Q H K Y
U E N G M H L F Z D Y L A P A O N A O I
D J O A T R H P E J T D I V F L K I R O
I P R O M N A F J L A M T V G B O L E O
T Y S M B A U Y H N A P H G I N C A A Y
J E C T X M S P A L T O X C P A C N O S
L G R B G K B C O K F U S J T X T D P Y
J H L U X E M B O U R G E U R T T G I R
```

BELIZE   BOLIVIA   BRAZIL
CANADA   CHILE   EGYPT
FIJI   IRELAND   LAOS
LESOTHO   LUXEMBOURG   PANAMA
SAUDI ARABIA   SOUTH KOREA   SUDAN
THAILAND   TUNISIA   TURKEY
VIETNAM   YEMEN   ZAMBIA

Countries #3

```
P J P V O E V M L O I O F P N C M V U Y
F Q M A D A G A S C A R K Q N V M G I U
M N T J K M V U I O T P Z O J A U U U B
J T G Y P I M J F Y N Y O V I A I Y N W
G D I Y M O S G S A V R S B B T R I E T
B R W T O L I T D K E U R I I A E T W F
Q V W Q N A V R A M L E N A G G Q D Z T
X D W G G L O F A N S E H N K W F Z E N
Z U F X O J Z C Q N D N U A P Y I H A E
P R U C L C Z W E E O H E I N Y R T L T
D S V S I D W C W N H M F S K A A U A H
M I E M A A F S J Y U D C E T R Q M N E
B J N A S V Z G U I N E A O K O S O D R
N T E C R P N N G H A M B J V H N T P L
N I Z E F X T L I B E R I A I T L I G A
O O U D F W E G P S S I C Y P R U S A N
Y M E O D B O M A N U N F P F T J V O D
U Y L N P T V B R N D I X C E J Q H S S
O C A I L L T M A C A H L L A R J Z Z M
V F X A Z M W U G J N P I F Y Z T F D H
```

BELGIUM	CAMEROON	CYPRUS
ESTONIA	GUINEA	HAITI
HUNGARY	IRAQ	JORDAN
LIBERIA	MACEDONIA	MADAGASCAR
MONGOLIA	NETHERLANDS	NEW ZEALAND
OMAN	PAKISTAN	SERBIA
SUDAN	SWEDEN	VENEZUELA

Countries #4

```
Q K Y N D C S B F O A I V W B M Z U M K
X Y X P L I C Z E C H R E P U B L I C C
J J L L E F G A M B I A O A L X G C M Y
L T R X B X U D N M D D G G L M J Y K
Z A Z Z A W Y W S F S N B M A E Y L Q X
I L I V N S U C U D A N O N R G H Z P G
N B M J O B S A G W M I L Y I R R M M T
S A B O N A E T R E R G I R A E Z Y O W
J N A Q D R N M U Z C E T A S N L B N P
U I B X S B E S Z D O R W I C A Z B T E
M A W G I A G F B L L B I Z M D P D E R
Z N E R N D A R E W O I R N L A G U N K
Z I E E G O L I K G M K A W C S Q C E O
I D C E A S L F I E B P Q B I L J Q G X
Y R A C P N V D S Y I T Q E Q O P K R J
R S K E O J Z F T O A A N G R V T L O D
F S K U R N M Y A H K U A D D A P N P S
K R S J E W P J N G R P Z Q I K P S I Y
P O R T U G A L Q B N Y E Q H I S D S Y
Y A M H E L I T H U A N I A Z A F F M K
```

ALBANIA	BARBADOS	BRUNEI
BULGARIA	COLOMBIA	CZECH REPUBLIC
GAMBIA	GREECE	GRENADA
IRAQ	LEBANON	LITHUANIA
MONTENEGRO	NIGER	PORTUGAL
RWANDA	SENEGAL	SINGAPORE
SLOVAKIA	UZBEKISTAN	ZIMBABWE

Countries #5

```
Q T U Y P T X V B Y T Y P L A G Y N V R
G K N O F Q K E N P L Z G S L O G N P D
V Q B A A V U A Y Q A K P N X W E M O V
G H D P D U M B D P M L R W T H U A L U
W A C W X R V E P R L E A B F I I G A F
B J V M E O K N P L G Q W U G P O A N H
W D H G J G S I K I R A Q L O C I T D I
C Y P R U S L N N L M F E I V N E N L C
N E R O L Q V P K N J B H C A N N A V E
E Y Q A S M G J I I X T I B C W T H Z L
R G L J C T N K Y R E P L K H L F Y M A
I M L H S O M A L I A A V F A U K E G N
T M O D B H U T A N M N W M O A T M R D
R J Y H T N P D B H G G M D O J J A T G
E Y V A O Y N E A I A Q L M P E I X N E
A P I E N A B L Y W N I A W B Z S S T D
B P A P L M J B Z O S S T M B I N Z I Y
I H Z O F H A M A U R I T I U S T Z J U
Z P P B W V Q R H C I Y P D T M S J X P
T P T Y N Y K S L O V E N I A L P V T Z
```

ALBANIA	BELGIUM	BENIN
BHUTAN	CYPRUS	ERITREA
ETHIOPIA	GERMANY	HAITI
ICELAND	IRAN	IRAQ
MALTA	MAURITIUS	MYANMAR
NIGER	PALAU	POLAND
SAMOA	SLOVENIA	SOMALIA

Home #1

```
A U K E M T Z F Z A F R H I B X I K Y L
T T E L E V I S I O N U U V R J R S E Z
L A S O A V A P B U G R M G T T V M F I
O W C O V A Y I T T W G M A E J H Z B Z
C P M W K W J Z B A D H S T W S M O P
V L M O C T G J A T Y B O V Q T I B H H
R D O P S R S F E O J L L Y M Q R L P M
E A R C D F O K S W C Q E E E B S E Q F
N B G E K S N F L W J B D B U A E I S T
H O P M S A A R M C H A I R U H N D O S
U O Q V L S N N L Z S Q O E X O W S H S
R K C B L K E S A V Z M B W S M B B W H
M S O X M A I R M U U O I W E E V V K O
K H U V C F S Z P X R C O R X Z R N C W
C E C M U Q C Q B D Y L H Z R A C Q D E
N L H M R W S O R V L Z G A G O R O G E
E F G W T N U A P I N M F K I F R A H Y
A Q J K A H W M P Y Y L Z C V R U H O G
X L I J I T N I G H T S T A N D Y I S X
I I Z C N F V F M P H S G M E B Q F P Y
```

ARMCHAIR	BED	BLANKET
BOOKSHELF	CHAIR	CLOCK
CLOSET	COUCH	CURTAIN
DRESSER	HOME	LAMP
MATTRESS	MIRROR	NIGHTSTAND
PILLOW	RUG	SOFA
TABLE	TELEVISION	WARDROBE

Home #2

```
N C O M P U T E R J R X Q L P F S L N W
A I T E S F T O A S T E R C P G L P O P
P N Q Y I D O A L R R E W D W R J R O X
L I T U N M M J R D U X H D P O G T H N
K O Z U K S E E B L E N D E R D P A W U
S E X F F L N W D N A F A I T A L R E L
T U T N L N V O U N P X G V L W E V K D
K V B Z A H Z M M M K H V V Y T A J E N
V A D C W O O E T A B L E T N W P S Y M
D C S M A R T P H O N E O I O L D J B O
V E S N D M N B L V U Z R R T C I X O N
C Y S I F R E E Z E R P C Y M N S N A I
B A O K N F E G K N R I D F R H H A R T
E Q A Z F L R E H R M V G F Z V W R D O
X V V H B Z F V F A U C E T E L A N L R
K T F A O E M M O G M T I V E Q S S A I
I M T A J J M O U S E X O R R C H T K N
D V R E F R I G E R A T O R W H E U M A
M V S O H N X W J Q S L B A F F R T S R
K V Y V C P S S O K V H C K B B T U Z C
```

BLENDER	COMPUTER	DESK
DISHWASHER	FAUCET	FREEZER
KEYBOARD	LAPTOP	MICROWAVE
MONITOR	MOUSE	OVEN
PRINTER	REFRIGERATOR	SCANNER
SINK	SMARTPHONE	STOVE
TABLE	TABLET	TOASTER

```
R C K W I K C O F F E E M A K E R M F E
L S Y L S P O O N X B C B X F Z B X S K
P E A P C I I X J Z O U U C K N I F E R
D R P Y P G B D R A W E E P V X Y M J Q
U V B Q Y L R F V O L P J W A K V H G P
O I Z E G X A I W I N E G L A S S V L C
N N Z S O U X T Y U G P M T A W T M S T
L G W F O R K B E G S T M B R O D T H B
K T F R K S S N A C L I D E P H Q T B E
G R H J X P K E T T L E H A S D O V T E
Z A L K H Q E B F R N C E C V L L A T R
E Y R C Y A U D L Q T T Z N C V M Q K G
O G T P S F X G T I I T K E K E Y I X L
M M I X E R Z O P X T S L T C N B W D A
J W X C Q L J N Z Y S B C A E G D X G S
Y V M A F G S X C A A A L H U O L U H S
L B Z C O Y O S L T K P C M H E M N M V
E V F T E J F G K N Q T X S C M Q W G S
Q N E O C G A F Z Y I J B V F T B L Y E
N A P K I N U Y G K B U V U R U H A Q R
```

BEER GLASS	BOWL	COFFEE MAKER
CUP	FORK	GLASS
KETTLE	KITCHEN	KNIFE
MIXER	MUG	NAPKIN
PITCHER	PLACEMAT	PLATE
SERVING TRAY	SOFA	SPOON
TABLECLOTH	TEA POT	WINE GLASS

Home #4

```
D B E N J B L A N K E T Q K B S B O L M
V H P Q J A D R O L L I N G P I N Z P G
O F R T P O T E K I E A W K T W B X C N
D C F Q S J P I L L O W S A N N Y U G R
B Z Z L U L A W H U M S O E E H I L V Q
H U F J S Y H A P J E B V B O B Z M R
N A A I P W A H Q R Y O O S K I L L E T
W M N Q I I F D T V O R E A U Z Z Z W I
E X I O C R O T A O D R Y B Q C W T K C
M J H R E B A R U R A G Q P V L M C N O
A S Q F R M G T A W P A N B S O N Q I L
H A A D A O X W E F F F K N O C I H F A
Q Z O W C D R K D Z S O S E O K H N E N
M D F G K L A H Q F W I U D O C C F B D
I R Q A B B C I V K Z A E G F V E T L E
G E C E B C Y U A G P I R V Y S N W O R
U S B O C C G T J C X Z N K E G W C C B
L S D Y L U P J M Y T H R G L R X Z K D
K E C R E A M E R S A L A D B O W L M X
I R Y R G O P L R H A J U P T W J O R C
```

BAKEWARE	BLANKET	CLOCK
COLANDER	CREAMER	DRESSER
GRAVY BOAT	KNIFE BLOCK	MATTRESS
MIRROR	OVEN	PAN
PILLOW	POT	ROLLING PIN
SALAD BOWL	SIEVE	SKILLET
SPICE RACK	WARDROBE	WOK

White House #1

```
K Q S Y U T P V B Z U T K M Z J T H S V
D G Y V Z A W P H P E R G X Y U L T C J
R E S I D E N C E R A F G B V S E Z R T
D K D S R E A G A N U A L V E K L N L T
W R J H P J N K M L E I J G N O O E P M
W A S O W R M N K R C R N V T S V C F L
T U S B N S W O B A M A O I R E I Q M A
B P A H P W B H Q K C G P E S R W P C G
N E J R I O N I I U Y A F O O U K U U S
M V X D C N L N X T C F O T V E S E P T
V C I E I H G I V Y E R S U A I D A R I
D M L Q C P I T N J R I B I C S P S E K
K P S A P U L T O C H B G Y L E C T S E
V M T F W E T O E N O G M C I N L W I N
S S X R S K X I M C R L A A N H G I D N
Y B T P U T U Q V A T K N I T O A N E E
O F A D N M D I O E C U N F O W N G N D
L N P K Y Y A Y W V A Y R E N E N R T Y
K T I Q P Y V N F C A Q J E Z R W I I Y
H W Z Z B E A U H V O L R T R D N F A V
```

ARCHITECTURE   BUSH   CAPITOL

CLINTON   DIPLOMACY   EAST WING

EISENHOWER   EXECUTIVE   HISTORIC

JEFFERSON   KENNEDY   LINCOLN

OBAMA   OVAL   PRESIDENT

REAGAN   RESIDENCE   ROOSEVELT

TRUMAN   WASHINGTON   WHITE

Vegetables #1

```
O Z X W V S W E E T P O T A T O G I C V
Z L A K K W V R K D K C E L E R Y J E Q
D A S P A R A G U S S A W Z J S P B I P
P O Q P U M P K I N R J L M A S N E C A
W N M Z S P E Q N X J A Z Y T P J E P J
H I K Z E N A O S G Q Y H S I J T O B
W O F Z L Q Z R B H B K C E I N W R T O
A N O W Q P Q T E W X R G R J A P O A G
W U D H V C M I L U A K O M T C W O T X
N T O M A T O C L A D F I C E H K T O L
K U N B X X U H P D H J R G C E Q D Z Y
A E L U V C B O E D T C R N J O V N E C
I B R R Z A K K P I L J A C Y I L L V K
I H Y I G R S E P N U T D B M Q A I I K
H D V B R R B Y E U N E I N B K B V Q Z
E I H M N O O U R U K K S P T A R Z V R
I Y C C M T B Y Z U C C H I N I G E Q W
A F M U S C A U L I F L O W E R N E E F
T N U J M A T J Q E G G P L A N T L N Y
A I S B R U S S E L S S P R O U T S V H
```

ARTICHOKE	ASPARAGUS	BEETROOT
BELL PEPPER	BROCCOLI	BRUSSELS SPROUTS
CABBAGE	CARROT	CAULIFLOWER
CELERY	EGGPLANT	KALE
LEEK	ONION	POTATO
PUMPKIN	RADISH	SPINACH
SWEET POTATO	TOMATO	ZUCCHINI

Vegetables #2

```
S B F L Q W E N D I V E I E D D T Q P B
O V R Y E E T J Y B T R A H L J M M U Z
X F Q M C E B L S O V L R E I S A Q B R
Y C V G C O R N L D U G N O B G G X B V
D O J V Q M N L I G X N G T A T W M C P
O L J X E P A E U R E M G B U N E Y P J
G L T R U H M R F F G D A Z H R D N Y W
R A I C S K A Y G W B T R M L R N Q J A
E R M U S H R O O M U X L T A Y L I V T
E D B O K C H O Y R S H I H U D A N P E
N G E K H X V D Z B Z C C U P E S R E R
B R K O H L R A B I E S B P E A S F A C
E E A E G Y N X R L S E T K M H D D S R
A E P A B D E X I I E V T V L F K M F E
N N A A R P L W J A E S G P O Q Z M S
D S O N R D I S B Z R I K O R E K W C S
R N F X Z S M I P O O K K M T E E R E H
O C U E T A N T O T B R A M O E E Q A A
F B M C G N Q I A O V T T L U E K N X P
Y W A O Y S T U P L S Z Z C E R E S S N
```

ARUGULA	BEET GREENS	BOK CHOY
COLLARD GREENS	CORN	ENDIVE
FENNEL	GARLIC	GREEN BEAN
KALE	KOHLRABI	LEEK
MUSHROOM	OKRA	PARSNIP
PEAS	RUTABAGA	SHALLOT
SWISS CHARD	TURNIP	WATERCRESS

Frutis #1

```
J R T Z G U M G R A P E F R U I T N T H
B R H N E K V N S T M Z L Z Q X A M M D
V A L M H V S J L P T A N Z C B S G P A
P M A X T R V T Q Y N Z N Y N O F W I H
A B F Z W L E D A N C Y G G H C I H N H
S U H M D B K P F R Y H Z W O Y G F E A
S T G J B S I E B P F N E G I A Y Y A I
I A H U W Z W R R J M R Z E O F R T P R
O N E G A U I S V K A G U J P S P M P H
N X M D C V E I E X J C I I Q L I E L U
F T M X A J A M J Q V E K N T J U L E W
R T K U X S L M Q L F P A F A I F O E I
U E J A I Y T O A W T I X T R O S N Y X
I H P Z V T Y N Q E R L K R R U C W N K
T G P C P P W Q L U J G U U S B I V R U
M E Y S U H B P D D I S F H M E V T E K
O J M W Q G P F Y A S N N Y Y Q U T Z A
V K X T P A P A Y A W A C B C G U U K J
H N P O M E G R A N A T E E D A R A I A
F U D R A G O N F R U I T L G N A E T Z
```

APPLE	DRAGONFRUIT	DURIAN
FEIJOA	FIG	GRAPEFRUIT
GUAVA	JACKFRUIT	KIWI
KUMQUAT	LYCHEE	MANGO
MELON	PAPAYA	PASSIONFRUIT
PERSIMMON	PINEAPPLE	POMEGRANATE
QUINCE	RAMBUTAN	STARFRUIT

Frutis #2

```
Z X H L V C R A B A P P L E J A O W V O
Y O Q B F I J A J A B U T I C A B A H V
G O J I B E R R Y T T K A L E V Z X T W
Z Z U F M Z W C V U A P S V P R N I D Y
T L F L R B A Q W B K M M X W T U O R P
S O H Z O A T Z F C I U A C M R C R S K
M G C G U N F U U U W B P R F W E Y T E
I A H O B L G D F S A X A I I B Y M S P
R N E A O Q R A M T N E L G N L O P N U
A B R Y Y Q S C N A O G D A U W L A O W
C E I Q S G F Q M R U S W U J E L O N P
L R M P E E R L U D Q O H K X L Q T I I
E R O R N P A O E A R R V C I M S L F T
F Y Y N B C J Q U P C I D D V W A E R A
R K A T E X M U M P Q K O T U D I I U Y
U Q I A R G U A Y L P P E O H K U N I A
I L Q G R T A T H E A A H E C E R A T Y
T C K C Y Y S J F S E S I W A L K O E N
P P Q H Y L L V E L D E R B E R R Y J J
N N H B R E A D F R U I T A M I M F F Z
```

ACKEE	BOYSENBERRY	BREADFRUIT
CHERIMOYA	CRABAPPLE	CUSTARD APPLE
ELDERBERRY	GOJI BERRY	JABUTICABA
KIWANO	KIWI	LOGANBERRY
LONGAN	LOQUAT	MIRACLE FRUIT
NONI FRUIT	PITAYA	ROWANBERRY
SAPODILLA	TAMARILLO	UGLI FRUIT

Frutis #3

```
Y H U H N A N M N U M O E Y L K O W Q I
Z C Y N E Y E U A E R F Q I H L P A X H
P C M R W Y G T T R O L A K E A I S Y U
M Z S C L C H O Z L I X G M F N M Y Z C
E A D W D F Y U D N Y O O H I E Q P B K
V X R J T A X Q T K X P N L E S U P Q L
E Z Z A H X S A N T O L L B A V N J F E
A U B C C F B L I N G O N B E R R Y T B
X T J X J U I Z A E R B F E J R O U A E
P W E I N Q J N P T S C K C V R R Q M R
B S W M H K W A G Z L S R J R K O Y A R
O Q S I O B I L B E R R Y S A L A K R Y
L G G W Q Y V P S P R G V G E E U A I F
A Q L O D C A W J I E L A I F F L V N J
F L X R U V Q P X T V D I R U D D I D U
M U L B E R R Y B A F P O M E R N J N J
N A Y X P R U W O Y M I E M E W N R T U
W S E A B E R R Y A J U N E B E R R Y B
M M P H Q T X T V C L O U D B E R R Y E
N R Z Y K K S S L C A R A M B O L A T X
```

ATEMOYA	BILBERRY	CARAMBOLA
CHAYOTE	CLOUDBERRY	FINGER LIME
HUCKLEBERRY	JUJUBE	JUNEBERRY
LINGONBERRY	MARACUJA	MARIONBERRY
MEDLAR	MULBERRY	PITAYA
POMELO	ROLLINIA	SALAK
SANTOL	SEABERRY	TAMARIND

Flowers #1

```
H T B B R X Z Q U P K S E H G K V T F R
T A O B P O G R Z I U E J F U I P D S U
X P P T C M A R I G O L D F W S B A H J
C E A Z A L E A L B F C U I N P K I A U
A O D J A A K T I E H Y B G R Q K S Z X
R N Z O Y B N V L T W E F F U N T Y E L
N Y R F M H F O Y U A R G E R B E R A G
A P W Y G O V H I L M D H D Y H J D Z W
T A P O P P Y Q K I L Z A N A G U N W U
I N H W D S Y M Z P O Y P F U H H V R Q
O S Y C I E M A G N O L I A F I L E M M
N Y D L A V E N D E R B O R J O H I U G
X A R S U N F L O W E R T H U F D I A K
R Q A F D O M P A Z I R I S P U N I T Y
S Z N C P X U Q X Y D T C B W A M R L R
G B G A P S Q J X P B D M W R P A O F P
R N E F Y B D O R C H I D E S S R S R J
Z R A A W C L G B B S B G S P R X E B D
D M J A S M I N E U B V V R K S Y O N I
K R H G I Y L L M Z C Y B U Q L V O Q V
```

AZALEA	CARNATION	DAFFODIL
DAHLIA	DAISY	GERANIUM
GERBERA	HYDRANGEA	IRIS
JASMINE	LAVENDER	LILY
MAGNOLIA	MARIGOLD	ORCHID
PANSY	PEONY	POPPY
ROSE	SUNFLOWER	TULIP

Flowers #2

```
L S M O D P X Z C A L L A L I L Y X E G
S S W M T S A I R C L S D Q U K Y V L Y
T W U R R A Y N F C O S M O S S E V P X
O E H B K S S N S T P O K F I H F R H M
C E O N Q T T I Y Y C R W O J T H T Q W
K T C X O E Q A Y R H C M X Z U R C B T
X P A W R R T F N N O H B G W B Z R Q Q
K E M F R O O T N Z L I I L P E O O Z C
G A E I L A H W T F L D Q O X R G C J M
D G L N P O O S L U Y L P V B O G U G L
B E L A U Y W V X H H S M E M S C S T A
N X I B U T F E Z B O P V O O E E U C T
S W A L V F M A R N C G P I T N O E J L
E U U U A U I P Y N K K L J H Y Y K O F
E R F E D C B P R I M R O S E T T E K I
B A K B Q H J I T A N E M O N E Z F R U
D G E E T S K A O A Y Y C T W G N Z Z L
G I M L B I F X U L L J M D Q P Z H G O
J R L L F A X H W I S T E R I A T X M T
V H C G L A D I O L U S F H K L S T I M
```

ANEMONE	ASTER	BLUEBELL
CALLA LILY	CAMELLIA	COSMOS
CROCUS	FLOWER	FOXGLOVE
FUCHSIA	GLADIOLUS	HOLLYHOCK
ORCHID	PANSY	PEONY
PRIMROSE	STOCK	SWEET PEA
TUBEROSE	WISTERIA	ZINNIA

Flowers #3

```
E E V K C G K H G X R D E W B G M Y U E
L P F W W Z Q X L D F P A R T D C G M Y
W E H L B S X C Z A N F J I O A R X J G
Z O B I H H E K L H V Q R K S S Y W W J
J N W O E P K L G L A R O Z U Y E Q X V
Y Y W P L H O S G I A Q H H Y G S H A F
E P V M L V T A M A T G T S U U W I K U
C D W C E L U M E T N N Q M C X S B Z C
P U E C B V L U A A A H I O W E L F J H
H V U L O M I L L I W V R R E W N A C S
L E O R R X P O D V V C P R I T B M W I
O R H Y E R I M D T O C F H P S S K U A
X B P Y Y V Z H V W I S T E R I A P D O
Z E J A A X H C O E K I B E E B A L M N
Z N G A N C T T O L B T G M A M L I L Y
D A F M X S I A A J L L H I W G I E R V
J R Y X R S N N A A N Y S Z X A B R I J
Z V O V X O C N T K L U K F L O W E R R
R A P Z B N G O N H T F D N C S X G M K
H F I X S Q O O Z A G A P A N T H U S E
```

AGAPANTHUS	BEE BALM	CROCUS
DAHLIA	DAISY	DIANTHUS
FLOWER	FREESIA	FUCHSIA
HELLEBORE	HOLLY	HYACINTH
IRIS	LILY	PEONY
PHLOX	ROSE	TULIP
VERBENA	VIOLA	WISTERIA

Flowers #4

```
E N G U T M H H Q W O J W K V G Y D C O
K V C T N F Q G D T P K E X I R X S Z R
G R O V O R O H V S J S Z Y O G B V E C
M A R I E E M J W Q O W H I L V J K W H
G Y A D Q E N P H R U C E L A E A G N I
T O L Z I S R D I A N T H U S I E O G D
Z X B I E I Z S A N P T J O L E G J Y A
Y Q E N A A H O U L N J R O R A G D C B
R W L N S F S R L D E N O R E F J G S
T Y L I T X N Z T J B G B D U W E W C O
I Y S A E W O G F U A E P W H M Z I A U
F T N M R D W M T M L A U I F Z N W M V
G E K Y L D D V R L N L P E O N Y D E Q
L Y R E I A R P E S W L C E Z Y S T L J
H P G Y L F O H H M O T U L I P C K L F
S C D F Y P X Y Y C Z A F D M R R I F
U L R V I O E P M H Y A C I N T H E A G
Q V H H U D X M C Y C L A M E N B S A A
Z A A K S I A R T C D Z F E C Y D F D W
T D L M S L T W Q X D S T O C K O Y F E
```

CAMELLIA	CORAL BELLS	CYCLAMEN
DAFFODIL	DIANTHUS	EASTER LILY
FREESIA	HELLEBORE	HYACINTH
LILY	MAGNOLIA	ORCHID
PEONY	ROSE	SNAPDRAGON
SNOWDROP	STOCK	TUBEROSE
TULIP	VIOLA	ZINNIA

Colors #1

```
U X Z W T F F V Z B F Y A K X T O P S Y
C W L H A Z U R E R J Z N Y Y U P Q R L
V U L Q I R H S J S T D L U O N M U D G
S Y L H Z C X T Y E T A G C N U T K D M
D T N L A R V C R S I Z K A L I M E P Y
J U Y E P Z M I H S X D Y P B V V S A C
F U P B A R H S H I N C V A H O U F B L
E S U C B P Z C L U T M K R Q R L T L E
C L Y E P T U R Q U O I S E B Y D F J Z
E A D A L F Q E E M E R A L D A M B E R
R V S D T M Q B I T O O V U K T R G L X
U E C L C R I M S O N V Y G R V U A D T
L N Q K B H P M B N S E Y A S Y R X E D
E D H M K M G H F I V L O E O O F L L S
A E F O A Y X Z A I N F O M C R O O O P
N R V H F R G M L F L D Z W T I G A S E
F Y B P Z G O O R U B Y I X V H E D J Q
J I N E D K P O E E J Q Z G C D Z A H T
C K X W L V M Q N C Y M N N O P G D F Z
U R W Y Z G V N G D M E W N X H W P U C
```

AMBER	AZURE	CERULEAN
CORAL	CRIMSON	CYAN
EMERALD	FUCHSIA	GOLD
INDIGO	IVORY	LAVENDER
MAROON	OLIVE	PEACH
PLUM	RUBY	SAPPHIRE
TEAL	TURQUOISE	VIOLET

Colors #2

```
Y M Q D V S C W N F T V W L W H C I Y K
O Z Y W J J T X H O K E U I X N H S T V
B P E A R L X U C E D A Z L A M A T N Y
L J B C F V P I F B T W W A P S R J Y A
C S C O S Q R C O I E A V C N K T Y Z G
H L T H P P Z Z L V H I N I I Y R N I O
A E N F A Z I D O O A O G D Q B E A N K
R M K R A E L H U R Z U K E A L U Y U Q
C O R P S L H I Q Y G N C P T U S O J J
O N Z Y C L P N V D Q C Q O O E E D L H
A X R N H X A X N C S W K R B M T T U O
L P W J E Q I T M W B N F C J N I A P N
F G O L D E E J E A O E K H G U X N Y F
B N R E G D V L A M G P M I O F B G T C
H W C U S Y V U L N C E D D Y B A E I H
R R E S S Y Q A J M W D N B I E Q R P N
T C O L B T S B B Z A D W T V S U I P C
E M I D L S J U G W Q J D U A Z A N O C
I B M C K V B P U R X G A L Y Z V E U J
H H U D K D B Q R D P M Z G B N T N C V
```

APRICOT	AQUA	BEIGE
CHARCOAL	CHARTREUSE	GOLD
IVORY	LEMON	LILAC
MAGENTA	MAUVE	MINT
MOSS	ORCHID	PEARL
RUST	SALMON	SKY BLUE
SLATE	TAN	TANGERINE

```
H N O F U W A S W W S J K N N T L R T T
U N V W N Y M D K T B U E F W F R S B C
R D D R E N W E R S G R N O F T O W L J
R K H A I L G W Z I E K B S H Z V H I B
I G V A D C D T P D Z N Y G H J X R Z K
C W E A T H E R N D I Z U B R I P K Z W
A C J T E K M U G A X O L H R C N V A O
N O L L X W H T R D R A S E R R T E R V
E P D L V T I O H D H E A T W A V E D E
N T H E V D Q R Y C R L W D P W D W Y R
N F U V I D K N V K L A U W Z N D A D C
M R B M S D S A M K A O I T V N O L C A
A Z C N Y R N D T V L D T N Z U Y K Y S
V S P N R P O O I C T E W C C K O T U T
V H Z M H G W Z B P E W X H T N S K T J
E A Y N I G W F B L S I W G I O M X C P
C H C G M S V A S H T N F Z R X T W A N
R F R G P A T A L O O D N F K N J D V O
M B M W Q P T J D S R C K B V X H Z B K
W K V A Q A F P P K M M H X J T F O G B
```

BLIZZARD	CLOUD	DRIZZLE
DROUGHT	FOG	FROST
HAIL	HEATWAVE	HURRICANE
MIST	OVERCAST	RAIN
RAINBOW	SLEET	SNOW
STORM	SUNSHINE	THUNDER
TORNADO	WEATHER	WIND

Spring #1

```
S L C H Y S U K C A T E R P I L L A R O
Q D L V R B C L X N H S Q J K V U W N V
I P B E Q E A P E I S P H T T L D K I Z
N E U Z V T N L A E Z T L R Y O H X T R
T D T Q E Y L E N G M F Q Q B T A R G B
O U T P V O E H W R Q U R J W P E C R B
Q L E O P V S P A A L M E O L Q I L E R
R F R E E E E W B J L U R J Y C V G E E
K L F O R N I L L A T G G A T C N T N B
Q O L F X G T F O D G N P M A I N E E I
V W Y N M B H F O Q I R H Z N B N Z R R
A E H F L U Y G M R P S E E M I O H Y T
W R X L P D J S P F Q N K V H Z E P C H
S X X F U V B S K N B A D S I E N R C K
P J C Y X E Y Y I T W F N D P V M J R S
W A F D K N A K A Y U O Y U R A U E A
F B N L A O R J N I S Q G A W G O L Z E
W X L B R E E Z E X V O H H Y O M U Q Y
Y I X B L O S S O M N L L M B W B L T N
V D O I M K J J O M K Y P I R B Z D P Q
```

AWAKENING	BLOOM	BLOSSOM
BREEZE	BUD	BUTTERFLY
CATERPILLAR	FLOWER	FRESHNESS
GREENERY	GROWTH	PETAL
POLLEN	RAIN	REBIRTH
RENEWAL	REVIVAL	SPRING
SPROUT	SUNSHINE	WARMTH

Spring #2

```
H U T M L K P P N M M P X H O W X G S O
K Q U V A K I X J M W K M C I Q B A E B
T C B Y K Y X A S C W W I E B R J R W L
T S G P U W W J N H F L N A H A Q D X U
O B G B J V K J Z I O Q U H F R Z E S E
J A Q E A H V J W R P I C N I C L N W B
B R B E K J P G F P L A N T I N G I Y I
L B N D N C E Z M I R B S P S O V N F R
J E J Y Y E Q C D N W U W X F G J G W D
G C C W T K S R U G C D S E C M V U D F
F U I Z W X W T R P D R A G O N F L Y P
P E U M Q D A H A T C H L I N G X D V L
T A P R I L L R P W K T C X R O B I N A
I M T R D A L K B O U T D O O R U W K D
X F Y J S N O J C X W X Y X H F S X X Y
M J U K T O W E M O X Q M A Q Y G E K B
W B U G R R C G A P C H B A J I X W F U
J K F U T J F W B Z S O I U Y A O I S G
W A T E R I N G U O G H O Y O U L D G F
S P R I N K L E R C W I I N X M G B A U
```

APRIL	BARBECUE	BEE
BLUEBIRD	BUD	CHIRPING
COCOON	DRAGONFLY	FROLIC
GARDENING	HATCHLING	LADYBUG
MAY	NEST	OUTDOOR
PICNIC	PLANTING	ROBIN
SPRINKLER	SWALLOW	WATERING

Spring #3

```
E Z L S P Q Y H K A B P H M L S E H V M
I D W B P K R E R K H D D L U Y K P H X
F W A Y K W U E U Z T R M A Y Z I T X J
H X J Y A K M E C Y L F O N R L K Y A I
X L R J L R Z R A M E X U C U M V U I Q
M V R A A I P M V O R S A T P G B E S G
A Q G W Z R S D O G W O O D A R Q N E
G U I L O P O H U J Z E J P H G G U O J
N M B R L Z D D T D O F T U K T T I W S
O V A W I C E A H V O R Y I N V R N D Z
L C Z R M S O T F C V Z C R C E S O R Z
I G R G E T N Z V F J Y E H W V V X O Z
A V H O W I H Z W V O G T O I F R T P Q
P P B Q C D A I S Y N D L Y B D L C P D
T R I A R U G I C O U F I K F R A P X J
M I Y T Y L S Z L S D Y P L W L C J O G
S H J A Z A L E A L U Y R J I U J P F H
W F O R S Y T H I A B X I L Z B A X Z J
C E L B D X L W D A N D E L I O N F L S
G B S R N K U E P F Z X S P R O Y F V T
```

AZALEA	CROCUS	DAFFODIL
DAISY	DANDELION	DAYLIGHT
DOGWOOD	EQUINOX	FORSYTHIA
HYACINTH	IRIS	JUNE
LILAC	LONGER	MAGNOLIA
MAY	ORCHID	SNOWDROP
TULIP	WARMER	WILDFLOWER

Spring #4

```
I  P  W  O  S  C  A  Z  T  F  P  V  P  S  X  Z  B  R  P  G
H  R  L  K  V  E  S  U  N  F  L  O  W  E  R  O  L  M  K  O
W  I  H  V  V  D  J  K  F  L  F  P  D  Z  L  O  D  Y  Z  I
C  M  H  Q  U  I  A  I  L  X  N  O  A  A  U  Y  U  Q  S  C
Y  R  W  V  C  I  O  A  P  R  I  L  X  N  I  T  G  P  G  F
C  O  Y  D  Y  V  U  L  H  B  O  G  F  G  S  S  A  D  T  D
Z  S  K  U  G  B  B  R  E  W  M  T  E  C  L  Y  Y  B  E  G
G  E  A  L  S  C  M  O  H  T  B  Z  U  R  X  O  G  A  R  R
Y  A  L  V  B  C  E  D  E  M  L  O  I  L  B  N  V  S  F  A
J  F  R  E  E  S  I  A  N  B  U  P  B  N  I  E  R  E  S  N
L  Z  U  F  Q  N  K  Y  R  C  E  G  A  R  N  P  R  D  U  U
U  Z  L  M  M  T  Y  X  O  T  B  B  P  N  R  I  K  A  R  N
P  M  J  H  Y  Z  P  Y  D  F  E  S  B  J  E  S  A  G  D  C
I  T  N  V  P  U  P  O  B  W  L  I  V  X  A  M  F  Y  F  U
N  V  E  H  C  K  E  S  P  R  L  C  M  Z  Z  L  O  V  T  L
E  E  T  N  U  T  O  X  V  P  Q  L  H  S  N  Z  Z  N  Z  U
I  G  F  Y  K  S  N  K  E  Z  Y  C  T  S  E  O  U  Q  E  S
O  K  X  A  X  C  Y  C  A  R  N  A  T  I  O  N  T  Z  D  M
C  U  Y  I  T  O  N  A  R  H  Y  D  R  A  N  G  E  A  I  P
I  Q  W  B  U  T  T  E  R  C  U  P  R  V  E  H  W  J  X  P
```

ANEMONE	APRIL	BLUEBELL
BUTTERCUP	CARNATION	DAISY
FOXGLOVE	FREESIA	GERBERA
HYDRANGEA	LUPINE	PANSY
PEONY	POPPY	PRIMROSE
RANUNCULUS	SPRING	SUNFLOWER
TULIP	VIOLET	ZINNIA

Spring #5

```
Q G A S T I L B E C O R N F L O W E R F
B W G H O L L Y H O C K R A T T E G E E
E B F J D C D S E V L I I H N S V V K X
P K E H Z O T Q C U E N W W Y X C H O X
F G K M K G A I L L A R D I A Y O O D F
R K M H T V L H V Z T R B U H D L N E C
P Z N E Q A I J A N D M I E K Q U E L O
W L R I M I L G P L E A A H N G M Y P H
I R H X Q E A R L S T N I X U A B S H Q
Y R L D R W C C W S G A R S S L I U I Y
J A S M I N E O M Y I S H W Y C N C N M
F L F G K I W R B W F T E G P O E K I O
D A N H S Q I E E M U U L L O S A L U R
V V A F P F S O E L J R L A K M L E M J
V E C W M R T P B M R T E D A O K I U C
Q N L G Z E E S A J J I B I J S R X W S
J D W B X G R I L C O U O O R T O N U Y
O E W O S M I S M R T M R L J P S N P I
O R S E G C A O A N N I E U T A E A P P
R F H S C Q I H C P N M D S O L P X H J
```

ASTILBE	BEE BALM	COLUMBINE
COREOPSIS	CORNFLOWER	COSMOS
DAISY	DELPHINIUM	GAILLARDIA
GAZANIA	GLADIOLUS	HELLEBORE
HOLLYHOCK	HONEYSUCKLE	JASMINE
LAVENDER	LILAC	NASTURTIUM
ROSE	VERBENA	WISTERIA

Summer #1

```
Q W C W S R O N W F G K H I Q C W C Y C
C Q A K M I Y L E N N S P W A V E S Z D
G W R T T A N P I A E N N C S Q S P Y N
D E S I S Q O F E S O U N P A N W H Y N
O T M Q Z C R C S I G E O K N Z I L H Y
E H J Z Z U O A T E E L I G D Y M W F R
S N K V S N L A N R F U D M C G S G H I
U I O J E G C I C P S M P O A I U K G A
M U D P N A H S I J S T O L S K I W O M
M H A U V S N L J C E X O I T R T S S H
E C S G N U F C H G C S L I L A O S R I
R B O U S J Y C O E C Q Z I E P L E F M
Q R S C Q F A Q L W W K M L K L U Z Z L
J D P U O E T P R V Z A U Z E C P D U E
P P A V B N P O Z K E B O H E X I D T M
U C C R B A U E V R F Q S B J M C P O O
L Y A X E T N T C D L A R S G G N G H N
U G F N U A Z E T Z E A T E P L I H Q A
Q Z I A K V C H Y S B C D U B L C O Z D
O P T J T I G H E Z L E N X D J B J E E
```

BARBECUE	BEACH	COCONUT
FLIP-FLOPS	ICE CREAM	LEMONADE
OCEAN	PICNIC	PINEAPPLE
POOL	SANDCASTLE	SEASHELLS
SUMMER	SUNGLASSES	SUNSCREEN
SUNSHINE	SURFING	SWIMSUIT
TAN	VACATION	WAVES

Summer #2

```
F Q U W D X H Q B D H T V K M I J P S M
X K G Y H T O M C E G Z H Q D K X P V S
P Z V K X G G K S N A Z F U Q E L A M G
D T J U Q Y P N I E Y C P P T S L R L R
E Z O S L N E N O V A H H Q S I W A H Q
Q Q S U D F N W N B K S G B T A A S C N
Q L M N N A S S C S A N I Q A A B O Q B
O Q B H T L B E J R E X K D P L N L R X
K B H A T I I R A C H A U D E W L S L T
O J A T I F K S X W S C S E G Y O L C U
V I M X A E I A Z G E U Z H L T U G X H
L X M J T G N I W L B E N V O G Z R F C
G V O N Y U I L V A E O D B A R L W K O
R J C X N A S B Q R V Y A E A V E X R K
D E K L X R A O B F B E S R M T J Q S F
L T R Q L D V A I J T T S E D P H L M K
V S U Q J F E T I H K G P C U W Z E F W
K K K H R S K U G O B R A P J X A A V V
Q I P O P S I C L E J U W C J G C L Z F
C Y O A P P L E S A N D A L S X W G K W
```

APPLE	BEACHBALL	BIKINI
BOARDWALK	HAMMOCK	JET SKI
LIFEGUARD	PARASOL	POPSICLE
SAILBOAT	SANDALS	SEABREEZE
SEAGULL	SEASHORE	SEASIDE
SEAWEED	SUNBATHE	SUNHAT
TAN	TANNING	WAVES

```
V X B M R L W H I K I N G N Q T G D Y U
B I B L A N K E T A X Z I F G P W Q O S
O W A T E R P A R K E Y P W C O K U F Y
N D A F S H P R U D G I Z M G O V X Z G
F B A X A B J W A N Q L Z B S L K M Z X
I A O K E P Z N B S N O R K E L I N G Z
R R J W J O O C E U K Z H A E S R Q Q K
E B W Y C M F B X B S A N D A L S H D R
Z E P F E K I D P O Y Q Y F S E S X Q O
E C K L N G S L U A V U T E R K U Q P Y
S U M M E R H L A T M U U J C I N Z N T
S E P I C N I C G I T T R U C K B C B N
U O F D D Z N M A N E J B W M W U N V Q
W Y L M I E G H R G J B M S Y D R V A F
L B H R S V T I M V P V M O T R N P U Q
Z A J I Q S I E Q O W K R U A Q O R G W
S F E D F Z N N R N J B C O N I Y R W Z
C J R Z H P R V G I F I R E W O R K S I
S B M C A M P F I R E S C A M P S I T E
H Q U X E E K V F B A C K P A C K I N G
```

BACKPACKING	BARBECUE	BLANKET
BOATING	BONFIRE	CAMPFIRE
CAMPSITE	DIVING	FIREWORKS
FISHING	HIKING	LEMONADE
PICNIC	POOL	SANDALS
SNORKELING	SUMMER	SUNBURN
TAN	TRUCK	WATER PARK

Summer #4

```
S T P I R Y W B L U E B E R R Y W Q S B
X W J E D V T U Z E K Y V E H S T O T A
J U C O U N T Y F A I R R W H R Z X I R
B O X S U N F L O W E R E R E Z N A O B
S A I R P O R T R M G K W C D T X M V E
G M X T D V V K V N A X N R B U S H C C
D S Q A T W I T I C P O K J U F E H J U
C A R G M I Q L R U C X B J D D K A H E
H I O T A T I E L N B C A R O U S E L V
Z D C N C A V P O P C O R N V B M Q E D
L X Y Z S I B H F E G Z I Y C G Z D C F
A N D Q R S R H N H O N R T N A A G C D
D H N Y A M M O L A I R U I U N L F K H
Z E Z Y T N C P S K E W T I O B Y X L N
G A D U C W J M I B F F L M V T I E F M
L U H K O A J B W P A K E F I Y X N N O
T C J N A H N A U R F L S F J D A O G E
K H S M Q F R D A I R P L A N E F T F F
Y G P K A T G I Y T G O Z X H J G J D L
P B O D S F W H G W A T E R S L I D E J
```

AIRPLANE	AIRPORT	BARBECUE
BIKINI	BLUEBERRY	CAKE
CANDY	CAR	CAROUSEL
CONCERT	COUNTY FAIR	LAZY RIVER
LEMONADE	POPCORN	RAFTING
SAILING	SNOW CONE	STRAWBERRY
SUNFLOWER	TUBING	WATERSLIDE

Summer #5

```
L R S A N D C A S T L E S I X E M R S P
P R I G Q F X R T G Y I Z L O X E U K V
B N M N X D Y Y A T O W D D B C Q A C V
A L G K A K X J M F O L X K C I O B E C
C D N S U N F L O W E R F O W O D A Y Y
K B Q S J C K I D E C N S F V V Z R O H
P H N W C R H F Y A A S T F C C X L K Q
A P H F R I S B E E M T R E F Y N I Y B
C O R H O C R M W B P A O B N E U U C C
K Y D K Z K D O P K I R L A M N T C A R
I H C Z C E A H S C N G L S K O I V I J
N R O L M T A I C A G A E E A Y L S T C
G D K G I J O K Y N T Z R B Y T O T C S
N Z R Y A N B I E O A I B A A D H R W L
J X K Z X S G N N E A N L L K S N H X V
Y R R T X O R G P I W G A L I U Z A Y K
G M M A A B D I V N W G D W N M C Z O J
J S U R F I N G J G U W I R G M H N F H
A F F I R E F L Y B A X N Q G E H G H E
Q W W K I T E F L Y I N G H G R G T Q C
```

BACKPACKING	BASEBALL	CAMPING
CANOEING	CAR	CRICKET
CYCLING	FIREFLY	FRISBEE
GOLF	HIKING	KAYAKING
KITE FLYING	ROLLERBLADING	SANDCASTLE
SOCCER	STARGAZING	SUMMER
SUNFLOWER	SURFING	TENNIS

Medicinal plants #1

```
R Q I T U R M E R I C S V N Q Z X M H Y
F Y A P C C E P O E P Y J S X V Z V Z R
X J L U M H S W C I J N V Q N E D O I B
P A O B B N K I U M Y O R Q R I H H Z D
H P E S V X R F U Z K A R R E C E Z R
A W V H C O R Z S A E N E G M B P P C D
S Z D Q C A K K G C A G I Y Q B Q H O C
O X D I C P N A A I N G H V J B S X A M
J R L C K H H N R I B T N E R M A J M M
F N U O U C I E G W T K P N J G G Q O L
B Y K Q W H L L M X Q E M A J K E M M I
F M C L C A G A R L I C V S O G L B I T
Q F T E V Y U G I N K G O J I B F O L X
Y O L A V E N D E R J J D A K I O L E L
O C A L E N D U L A I H A M Z W B D E Q
T F P T S U K G I N S E N G X A U O F T
N O N N M I D A N D E L I O N Y V B I P
F R U K B M X C C N R D R O S E M A R Y
D A M I L K T H I S T L E N D N R D T G
Y H A U U U Q U N G P E P P E R M I N T
```

ALOE	BOLDO	CALENDULA
CHAGA	CHAMOMILE	DANDELION
ECHINACEA	GARLIC	GINGER
GINKGO	GINSENG	LAVENDER
LICORICE	MILK THISTLE	PEPPERMINT
ROSEMARY	SAGE	THYME
TURMERIC	VALERIAN	YUCCA

Cat Breeds #1

```
M E J B F A X C X A O M S O K O K E D O
U L N W P D N L R A G D O L L Q A O E K
N Q W P T Q Z P W P Q L F M E D B P E X
C I M X V Z T O E H P D V M N B Q A U T
H Q F L J P E Z W R M D O A K G Q S S N
K V P E W V B H R J S F V R I B M A N X
I S I A M E S E N W R I J L N A O K Q U
N U M W P C S G N Q N D A O B L Y S U U
T U H N A P O L E O N M O N B I D T A N
I T H S P W U P V X O C D C J N K U C L
Z U J L H B O R V S E B F A Y E L A Y I
T O Y G E R C L K N J C Z T C S I E J J
X N B Z C Y M R I C K B U R M E S E Q Z
Y Y L X V H P A T O N K I N E S E E T E
Z N E E J N M B B I R M A N J Y P Q I P
F R G B U N M X V S E R E N G E T I H Y
X K Z P H I M A L A Y A N F U B B F D E
L Z M B C T G P G E S O H J B R S U Z C
V Y A B Y S S I N I A N B E N G A L P J
S P H Y N X P N S C S F T I I L X R H X
```

ABYSSINIAN	BALINESE	BENGAL
BIRMAN	BURMESE	CAT
CYMRIC	HIMALAYAN	MAINE COON
MANX	MUNCHKIN	NAPOLEON
PERSIAN	RAGDOLL	SERENGETI
SIAMESE	SOKOKE	SOMALI
SPHYNX	TONKINESE	TOYGER

Popular dog names #1

```
Z R W C A S J R B M F J D D B S Y Z Y V
Z T X G X K C V I A S Q B H R V E Z P J
J B V A V Q K B P X A D P X L O A P Z I
R G W A B X Y A Z G D E R P P U N Z M E
O D N T U V R I C C I V I V D V C P F V
D L C U V J Z L Z H E S H W F A Q W W X
A L Y B D P U E F E L D Y D F F I R C X
W O E T E R Z Y I S U O B P L C Y S H O
D U Z O E L O O Q N B S E F X N D B Y D
M R F I C X L U L O X N T C H A R L I E
P M O Z P O Z A N I D I G X Z G X B I R
G B J C E W O E L B M C T U C K E R E J
U U A I K H I P O X O C D Z M X J V S L
Z D S E D Y L N E H L X U F L R I Y J Q
G O X G Z X I T S R L E Q R E L V L X A
R F J F O I M V Q T Y Q R S O M S C J Y
Y V B A E J H F Y D O E V X C O K U S N
R J I F R I L E Y K R N L I L Y R Q R Q
S U L A Y L A M L D B W H C U Z G C J F
T A J N W D P S F M I A Z Y M V X B U L
```

BAILEY	BELLA	CHARLIE
CHLOE	COOPER	DAISY
LAYLA	LEO	LILY
LUCY	MAX	MOLLY
OLIVER	RILEY	ROCKY
ROSIE	SADIE	TUCKER
WINSTON	ZEUS	ZOE

Popular dog names #2

```
O F Q C Q F B D K S F B W C W H H K A T
C U E D U K E U Q L C B V X J S H T S W
P O S Y Y N Z V N K A I L L A S Y A J I
T E E E C R W N N H I G X L E F N D O Q
D J O G M U P M I L O N A A T Q M I A B
D Z A Q C B V W A V W N J K D E I M U S
B N J C D Y U N S X N I B I K L D Q U O
G E Y Z K J D J B O N E F U Z I R D E J
L K Q F T J A E Q E H Q N Z D E J L Y Z
S Z G A F O Z S L D L A J O L D R E Z W
N W B A C C A E P Y H L M M T A Y X W Z
D F H O L W U U K E S B A S I F M A M W
M J C D H O N C D F R V W S W A P E F U
J K N C M G O T R B D Z J I F X A A A E
W A G Z L R F H R D A I S Y N C C M L R
P C I A U M M A K F S U U J L S M T X I
C G B K L K C Q R Y F D P M U E T Y M D
D I G E U S Q E A U Y A U U M G L O F P
V N F C O U W C S H V P E N N Y M F N J
S N Z B W W P D S C B Q B J U C H E W M
```

BELLA	BUDDY	COCO
DAISY	DUKE	EMMA
GIZMO	JACK	JASPER
LEO	LULU	MIA
MILO	NALA	OSCAR
PENNY	ROCKY	RUBY
TEDDY	WINSTON	ZOEY

Female Names #1

```
B J E F C Y C G D I S A B E L L A B L Y
K B O H P T O E H V W W H T G P Y G R A
A K P P E F L M E H K A R I A I S E M Q
E B R H D A I S Z L P F P H U E V T R E
Y M R A W B V R N C I U J K G A X O V J
T T M A G I I A V A E Z E E G Z C K K J
M B E A O G A V E P S N A E M C J K E J
E I Z G P A J L O H O B I B L I Z O U G
B K S U C I G K W P F X V T E L L D S T
Z X J P C L Y J P Y I W M U Y T A Y X M
T Z G A C C Y I V G A Z E T H U H C H K
N M A M E L I A M P L U D U U Z M H G D
G H A R P E R O P V C R W D N Z A A J W
D V T S U P V Z V C I T S Y S V D R P R
A D K R S O P H I A I C L T B Q I L E I
G J N B Y Y T S M Q P E T K S M S O I K
N V K D S O G S F A V W E O X I O T M O
Y K B C P X H I P E R U V J R A N T B K
M Q W P D L R E A C E I W V H I Y E Q C
X L V K S C A R L E T T A B O D A X B V
```

ABIGAIL	AMELIA	ARIA
AVA	AVERY	CHARLOTTE
ELIZABETH	ELLA	EMILY
EMMA	EVELYN	HARPER
ISABELLA	MADISON	MARIA
MIA	OLIVIA	SCARLETT
SOFIA	SOPHIA	VICTORIA

Female Names #2

```
K K U Z K P Q R G L C S I L U P E R B I
O I F F X E T O N G F P Y H I X M E H Y
C S J W U A N O K H V I B Y G L N O R L
D Z P E V J H O E L W U C R Q K Y G F G
N D O B Y O U N B A V T M A N N A U H K
X U J E S S Y W N Y F K U K A W Z K Z X
I Q L S Y L T T L L R G P U U P M U C X
F T I Z T B I E B A F T Z S B K H I J A
T I A S A C B L L F Y D R A R I D B R R
P O G O O D H S L L V E D V E L O O K A
R I L E Y J D L H I A U G A Y J N P I O
K B B V A Y B I O A A H A N N A H F P Y
C I F R W U J G S E E N S N Y D C P E Q
R W I O O H D R K O M B Y A L E A H N C
D X P Z T O Z R J W N Y C H Z Y O S E Q
I W V N T M K O E C Q R O E H F B F L B
F A L A K B T L E Y U C I G R A C E O I
R Y N O L Y P W Y Y Q E L E A N O R P A
Y V K B M U V T Y N G Q N A T A L I E Z
Z C M V N G T K O N J F X N Y C F E I L
```

ADDISON	ANNA	AUBREY
AUDREY	BROOKLYN	CHLOE
ELEANOR	GRACE	HANNAH
LAYLA	LEAH	LILLIAN
LILY	NATALIE	NORA
PENELOPE	RILEY	SAVANNAH
STELLA	ZOE	ZOEY

Female Names #3

```
P A Q X C A R O L I N E E T I Y O E D L
G V U D K Z Q L E R S J J S F T Y J V H
N Q Z L V M W S P V S D A C N A O M I C
E P F X U V L A O L O N Y B R Z A J F E
S U A S R C N U Q B A Z S T E L L A K G
E W Q I R S Y Z A I N X H A I L E Y J A
Z L U T S C S Y R N H S A M A N T H A B
M F E B Q L Z A X P N B B C D H B F H R
D H F N T Y E C B T C A Q K K F A J V I
X S Q G A L V Y E T T L O M E E R T H E
B G N W Y M T L S A T M A T Y N C S A L
D D F S B P O S A U A S C I J A N V Q L
V X U L N I O R R G Q L H F R D H E O A
I S Y H V F Q L A J E O I X E E Y H D H
Q K P Q T X N L H M Q N C Y Q H T C C Y
Y Y A L L I S O N A I J E W A H A K N P
C L P Z R S S W N Y Y K Z S J H T G U V
A A D D I S O N R A M K V U I D F F C P
X R Q M G M F F U B I C C H Z S O V B Y
H J P M Y J W M M V S J A L V G C Y M C
```

AALIYAH	ADDISON	ALLISON
ANNA	ARIANA	CAROLINE
CLAIRE	ELENA	GABRIELLA
GENESIS	HAILEY	KENNEDY
LUCY	MAYA	NAOMI
PAISLEY	SAMANTHA	SARAH
SKYLAR	STELLA	VIOLET

Female Names #4

```
Z K A T H E R I N E O A D X Q X B F D O
C S L W E X H Q I U G Z P J A S M I N E
L Y Y H K U Z Q Z F J W I N E V A E H U
U O J Z M E H W M F N F I F Q W L T W O
C F Y P Q U V Y S V E E T L A T W E M M
Y Z P E T A D Q C I E G A K L O M G J B
Z A P Y K T A L L L J B Y Y J O X T K U
Q R M T D R O A Y I F I L W N P W D N Q
P I A O D W T A S Y O W O D K U P G J Q
B A D N F A K W F E A W R G F O R O D K
N N E M N A R I A J R B Q Q L E T X F C
W N L P Q W L U N H T E B H P F H S W S
V A Y E G N V I F M L M N I A E U J B N
V P N P S A M Z T A K Z P I A U Q W H W
Y I N J Z O W O I Z W K I R T V T A P M
T B M I A Y S D X I E T T D U Y V U R E
Y D T N P E Y W F G S X H P Z B B D M T
G L V G O L I G K T S N A Z J G Y V W N
C F G Z M E E W G B E L L A V I Q F O D
M K F L I A R K H A R P E R F B U E T C
```

ARIA	ARIANNA	AUTUMN
BELLA	HARPER	JASMINE
KATHERINE	KAYLEE	LUCY
LYDIA	MADELYN	NAOMI
NATALIE	NEVAEH	PEYTON
PIPER	RUBY	SERENITY
TAYLOR	WILLOW	ZOE

Male Names #1

```
T G S W N Z D S V G A J R Y C J W J Y T
N C Z B E K Q M Y F B E X G F A L U G E
P K S E C N O A H E D J V F W C U R P Y
M D P N F I G J Z N L E S D I I R L J W
W T J J G K D W A S E B A S T I A N A L
I B J A M E S X V O C D S H F J I G C E
L B F M J R E J K F M A S O N S S G K R
L D L I L H E N R Y D O B K J E Z S A
I A N N A J T P P H Z Z I W E V A F O D
A V J K Q D A N I E L B Z L W N H C N M
M I M H G G M I C H A E L O L X R W O U
W D X N Y B A L U C A S J G B D M E W B
X H M M M Q L F E S E H H A F E T H A N
L W O A B K D L Q E S A U N B N V Y E L
H J I L S A M U E L J B A J H T B W P N
V L X L I A E R O I U E H R O L A T S J
D B F E A V J O L T Y I M A Q I I F U I
R R E P O U E E A E J X K B E C D X A A
R E M M R R L R V J N B D X P F E E O P
I E K E C L F C Y Y J J K Q N A N H A J
```

AIDEN	ALEXANDER	BENJAMIN
DANIEL	DAVID	ELIJAH
ETHAN	HENRY	JACKSON
JACOB	JAMES	LIAM
LOGAN	LUCAS	MASON
MICHAEL	NOAH	OLIVER
SAMUEL	SEBASTIAN	WILLIAM

Male Names #2

```
D H Z Y F O Y Q A P N R V W O S W A U N
Y C G F R C T F J K C B E V T R Q Q B B
N A T H A N T G T K L H W E K C U M O D
A O C A R T E R S N T S J A Y D E N F M
C J B L X A S O A T M V M F P T P U F K
Y O U R F N Y A K D O X G W Y O A Y M
Q S J K T A R M A Q A K I R P J X A K D
I Q U E I Z B V I Y J O H N W C U T C Y
F K F L J Z P P S Z Q F V W Y O S F M I
R U U U F P I O A X M G R B A K N L Y K
R J T R S D H B A C G X A E T C D N F A
Q Y T L U C A S C L C A J J T W O M J S
N J U Z L T A I L P Y K B V R H G X V H
L A C D X B L A M B N P T R T E N J U E
K N L N L X O W E N H G D N I V T X D R
F D K F P J I L L L R J A B C E V G J I
G R T B U V A D A V I D R Q W A L I Y E
W E A Q E C B C N C A E K B T F F N L G
A W X L E F F X K V U Q G R T H V A N L
T N A Z V V I T H E O D O R E O B G O I
```

ANDREW	ANTHONY	ASHER
CALEB	CARTER	DAVID
GABRIEL	ISAAC	JACK
JAYDEN	JOHN	JULIAN
LEVI	LUCAS	LUKE
MATTHEW	NATHAN	OWEN
RYAN	THEODORE	WYATT

Male Names #3

```
E D C K I D D Z Z C Z A V N X M C K F R
O Y M S T E A L W J E R E M I A H U R L
D C H R I S T I A N T M C G P F C K E C
S K K R T R Y A N R X X A H Q R H N N Y
W Z Z Q S L J I V O F E M U Z I R I Z K
R A Q E F T O M K M T W E D X G I C G D
R D R Y C R N A Q A Q N R S Y B S H S Z
L R Z H Y O A W J N K R O O Y E T O L C
X I G O G A T K N J Z T N N L I O L U U
U A C R L P H D U D Z A K Q Q M P A I B
L N D Y U L A S E T T H O M A S H S R C
R H N K D Q N E W T Y U S U K R E Z N O
Y C H A R L E S I X E H R Y G K R B C Z
H K S T G L A N D O N V A N E Q F G O E
B T M S P R A J K L E L O M R K E C N B
S G F C Z H P N O N H T M Y N U L T N J
U U T E P R A U M S S A A R O N I K O I
Z H U N T E R N L A I P X Q Z F H O R L
E S R O Y R K X E C U A P T M C P P R Z
U J L I N C O L N H R W H M Y R T N Z K
```

AARON	ADRIAN	CAMERON
CHARLES	CHRISTIAN	CHRISTOPHER
CONNOR	EASTON	ELI
EZRA	HUDSON	HUNTER
JEREMIAH	JONATHAN	JOSIAH
LANDON	LINCOLN	NICHOLAS
ROMAN	RYAN	THOMAS

Male Names #4

```
J L E E E T J C E S E B A S T I A N C O
I A I W Q A U A I R I P J K G H M G Y T
D U N N S E Q R X C M I M Y I A Y U E I
Q S R O H D S R S O N I H S Y A V Y D J
G T V B L E N L T P N P E Q B N N I T P
C I B J S A M H Y I M I C H A E L E N M
J N J A P I N V C C L K Q N V A H K W Z
N N H U D D B L X O E V A N L F Z P N Y
I C R M Y F Y E K G L M V H I Q I O H A
P L X F A N L O H A R T I T V Z D F W A
Y M H W Z Z N D K L F L O O T N Z N F A
H C P J Q V F O U I D M H N A F B T A X
Q O Y A D A M M Y J W D G R X M J Y N E
U L T Y A Y E I C A P B B S Q K O I T A
D E N D O Z M N O V C I A G L A R W O M
P V F E N E E I A T S I R O Y D D G N Y
Z J D N R D L C C O L X B K V P A Q I M
S O J U L I A N V E N V U S F L N Q O Z
X G W R O N R A D D R C L W A S T E F A
J T R I S T A N D T W B F V O N K L Q M
```

ADAM	ANTONIO	AUSTIN
AYDEN	BRANDON	CHASE
COLE	COLTON	DOMINIC
ELIAS	EVAN	GAVIN
IAN	JAXON	JORDAN
JULIAN	LEO	MICHAEL
NOLAN	SEBASTIAN	TRISTAN

Sports #1

```
Z I V R G S T Y J P Y U N M C S V M I E
H G S R S P O R T K M O I G B J D O Y F
Z L M W C E T C E M H G F L A U B B R N
K V N Z I I V W R T X B Z Y S D M G X T
Z O A L R M Z C A U A B C E K O G F I Q
U L L V K D M R M X G B O T E U O B N G
F L S Z Q Y A I M H L B A J T G L A O Y
U E C O I M B M N G A Y Y F B Y F S W M
A Y F N C E I J O G G I N G A C W E M N
P B E R J C J G R L O T T J L Y U B J A
W A C C Y R E J T Z M C G O L C H A R S
T L F F I A U R I R G V S W U L D L U T
E L V D O T L H T N I C B E V I D L N I
N O L M N O B O I Z B A R R U N I T N C
N Q V A M G T X B V P H T I A G S M I S
I I G T A E O B V Y L Z O H C T L N N M
S T G N M B O R A H M C W Q L K S Z G Z
Z G V D W R E S T L I N G D M O E K T Q
U Q M V E A X S K V L V B J T E N T O A
Z R S P R I N T I N G T F L J X N N T S
```

BASEBALL	BASKETBALL	BOXING
CRICKET	CYCLING	FOOTBALL
GOLF	GYMNASTICS	JOGGING
JUDO	MARATHON	RUGBY
RUNNING	SOCCER	SPORT
SPRINTING	SWIMMING	TENNIS
TRIATHLON	VOLLEYBALL	WRESTLING

Sports #2

```
B C U K I C K B O X I N G U N L Y P K J
H V X E Z S S S B D T N C J J G L I Q Q
H Y A M P P N X J T C A E R U E Z I X D
Y I C E S K A T I N G I Z B O D P E C N
U T A E K W O N D O Y Y B P B S O Q U Y
X A S X A J I S M L U G E V A A S N R B
P R U V J R Z Q C K I G Q L J J R F L Z
E C R Z Y S S P O R T P O L O O M W I P
Q H F H C K P S K E L E T O N U W H N T
U E I I P I N S V O P X J Y L F E Y G I
E R N K I I L J K A H G A Z G G O L F S
S Y G I B N C Q F B P Z R N E T N G G L
T U H N A G K I E J S E I R J R N A Z Y
R F Z G M K A R A T E C M E B I D G T G
I A P W W V Z A W W N N J T L H Q S B F
A Q Q I N B K F K E J Q I I X C M J W T
N J W F B I X U F J Y G A N V P S I I S
G D I M F P S Y G N Y S B F X S E P T Y
W I S H O O T I N G C L A C R O S S E N
G L I P I Q J G E F I B E S C C Z X M J
```

ARCHERY	CROSSFIT	CURLING
EQUESTRIAN	FENCING	GOLF
HIKING	ICE SKATING	JUDO
KARATE	KICKBOXING	LACROSSE
LUGE	POLO	SAILING
SHOOTING	SKELETON	SKIING
SPORT	SURFING	TAEKWONDO

Basketball #1

```
A B S U A H Z P T T U R N O V E R Z G C
L L S G C N O A M X W K C L V A W J U I
S V J L F R T H Y M Q S N A H O K R A Z
G U T Q A S O R N U M A S S I S T O P T
Q R Z M P M G S K E D M N S S N F M Z V
G S G H L E D U S R V M H K Z F A T C O
S E W R O I P U O O E M A R M B L O C K
E C Q P R J I J N H V D U N K Y V A Y C
W N F D F M C W T K G E Y J J L Y A E G
R K R H S Q T U A Q Z R U M A I R S B
R R E R I M A R P L E A T K F M T M W C
V K B Q J O N A P L F A S T B R E A K E
Q W O Z J H D V H E F R E E T H R O W W
V T U L S R E V Y L T X W R Q T P M L
A N N G M C O L B O A D F Y R E U T E K
W K D S P G L E C O Y L M V N T S A G W
U A N T S B L U W P U H P J S C H Q W K
G F P E H S E R V O P S B O A C O G R G
W F T A O Y D S F K E M P Z I Q M L E F
E A D L T X X W I T B B A M D T M X B R
```

ALLEY-OOP	ASSIST	BLOCK
CROSSOVER	DUNK	FAST BREAK
FOUL	FREE THROW	JORDAN
JUMP SHOT	LAYUP	MICHAEL
NET	PICK AND ROLL	POST-UP
REBOUND	RIM	SLAM DUNK
STEAL	TRAVEL	TURNOVER

Football #1

```
J P L B Q U A R T E R B A C K E P P W E
J Q I A G D B L I T Z U P U I C J C N D
Q Y N L Q I D E L B K F Q K U C H O X T
Q W E L L X P U S C F S E V Q P Z O D T
K P B J Q O Q P O O C F V K H D M S F O
D G A Q C Q L L K V P H S X E U D M K U
O F C I G Y B C G A E Q V R N U R C D C
P V K A H R I M B L P C Y B U X A W H H
P O E T M K Y V B T Y E E B J S H W X D
U F R R Y J R M D H A L N I J W P W F O
N T O P I B U U J B D K I A S M T Q I W
T D R P A F A Y N D C T T Q L J Z T E N
S R Y D Z S D J U A X N P A B T J K L T
Y A M T L S S H B H K A S Z C K Y I D V
E R F D V K A R M M N H U G U K R C G Y
G V B E N F E S Q S F E A G T A L O O K
V G R D T N D U B N M Q Y X H T U E A R
A X M V R Y H J E X S I T C O D X R L B
H I Y O F O V V T N D O W N N M D H K J
R R C H E F U X P W Q Z P T H G D P J F
```

BALL	BLITZ	BLOCK
CORNERBACK	DOWN	FIELD GOAL
FUMBLE	HUDDLE	KICKOFF
LINEBACKER	PASS	PENALTY
PUNT	QUARTERBACK	RED ZONE
RUN	SACK	SAFETY
SNAP	TACKLE	TOUCHDOWN

Hockey #1

```
G F Y O L K G F L V E W L K Z P R N M D
M J P S O G A I L F A C E O F F I O Q I
S T R I N K M O T Q Y M I N D N E T D L
S P A H E S E Q H A Y V W N O W M C L Y
G D F E K T Z R L G Z J A I W G G I Z F
K R O Q X T B P N G D H O S N K K Y T K
P I U Z V I R I N A K I I I D Y X O D A
Y K C N A E K I S C S G H A T I H D A B
M W K C W C P E A S H S E L X S S X I S
S W W O E P T B A P A O A R T X S Z J O
L W P H I A E B B L U N C S F L B U T I
A U C R K I M T S O E Z I K I R F Q W N
P Z T S L H P P P F P A R I W E A U I T H
S K Q A S X B Q U E W R I I V Y H H O K
H V O R W T T O N C O R D V Y H A O C H
O G A Z U L I W A M K D I I W J E O H X
T T Q X S L C C H S B I F C N W D K Z G
L S Z G H D A X K D U B K G E G G I O J
S P I M O T O E I U Y F C A D B X N Q O
N Y H A T O D A U Q X W C D X I W G W M
```

BACKHAND	BOARDING	CHECKING
FACEOFF	GAME	GOALIE
HOCKEY	HOOKING	ICE
NET	PENALTY KILL	POWER PLAY
PUCK	RINK	SHOT
SKATES	SLAPSHOT	SLASHING
STICK	TRIPPING	WRIST SHOT

Autumn #1

```
Y G D S G B E G N N H A L L O W E E N L
V G O U R D F A M I L Y K T R X H B C G
M J T L C F E S T I V A L K S Z A F X U
C I B A K R L R L J C T E S C X N T X Z
C L B N P N A U V Y O O T F A B I Y P I
C P A E B P A E L L R C F R R O X B K P
D O C C G S L V H G N C A L F N A K S B
J J L P D O W E J X M J L N H F P E G N
Y X P O B A L E T W A A L E M I V N M W
I O A F R D E H A C Z C C Z M R Y K X S
L B D V R S A H F T E U D O A E V M F E
Q O A S A I V F P C E E Y H R N E O U C
D O X N I E O E P V R L N I N G H H X
S T X F M Y S N A O M B K K D C A P A Q
G S I U O E K G D H Q W P B F I V Z Y G
E X T B O E W E P K N M P D H D B T R B
P U H V C S N Y K I U R X L L E Z R I D
A M M J O Q D W W P Q T P F T R F N D B
S N D T H A N K S G I V I N G A N L E Y
M F R Z T R V G H W I P K F F A V V M B
```

ACORN	APPLE	AUTUMN
BONFIRE	BOOTS	CIDER
COLORS	CORN MAZE	FALL
FAMILY	FESTIVAL	FRIEND
GOURD	HALLOWEEN	HARVEST
HAYRIDE	LEAVES	PUMPKIN
SCARF	SWEATER	THANKSGIVING

Autumn #2

```
K O O W C T L F A H B R U S T L E X Q E
Y C C R I S P O N B T D N A Z N E X O B
Q E C Q Q M S R K A N M E U U O T C R
A P L W W I Z B T V U E I T F U Q T C O
C Q X L Y B F D F R I E N D S T Q L W W
F P V J O R J F C V F O R A N G E X U N
C D Y B U W J M Q Q C V C L C V C L F C
S E A S O N A L W K A C W O V S O B I U
Q K K P R Z F A I F P J H I Z G O G G F
G X J M F B R E E Z E I F I N Y L N I A
J S F S A F B X B Y U R N F L D P Y O K
Q B P F M S W P H S A T F E J L Y I I D
W Y U L I L F T S C H P Y T C D Y R A W
A Q C U L P R Y S M Q R M V F O B J N X
E T K E Y A M F X P I K J J U Q N I A B
K G W X E J T H B R I S K Y N L D E K C
C H E S T N U T B R P H C R U N C H F C
G E S H G O L D E N N R D Z R N J A E J
H J K A Y A E K V A N E G L Q T R B R U
T W L D S M J S I C R C P H Y D L V S A
```

BREEZE	BRISK	BROWN
CHESTNUT	CHILLY	COOL
COZY	CRISP	CRUNCH
EARTHY	FAMILY	FRIENDS
GOLDEN	ORANGE	PINECONE
RED	RUSTLE	SCARF
SEASONAL	WINDY	YELLOW

Autumn #3

```
V K B C H K L S M I G R A T I N G S S L
T Z N S T P D G X Y O A V J S Z Y B R V
K G L F P B P R E S E R V I N G B E U K
H N U T S L I F I R E P L A C E C J J H
M G T P L A N T I N G I V C E P F C W U
Q F T U K N M H C J V Y M I S L F Y B Q
A M C A H K Z M E P J A P W O T W A E N
V Y V D Y E W V R A B Q S O U P E F R Y
I Z H Y I T O C I N N A M O N R H W R P
B U I D Q L E N U T M E G P U R F C I G
P J B Q C F X W C C Z J T P Q N Z G E P
R Z E I M H W Z D H F S F S Z N V C S G
M D R U F Z S G D K A V X A Y W P A P I
W W N V U M B S P O H C A N D L E B B P
I L A G B Q G A R D E N I N G K X R E W
N E T W T G Z S F Z P S K S Y N D F J M
D O I A M T J W S C G R P B Y F H F Q H
Y W N Z C T B P Q C F T Q I I D L E U W
V P G H A R V E S T I N G Z C P L R X B
K Y K U K Y A R O X F G I N G E R M M K
```

BERRIES	BLANKET	CANDLE
CINNAMON	CLOVE	FIREPLACE
GARDENING	GINGER	HARVESTING
HIBERNATING	MIGRATING	NUTMEG
NUTS	PIE	PLANTING
PRESERVING	ROAST	SOUP
SPICE	STEW	WINDY

Autumn #4

```
W H H Z K Z T N J N U S N M Z I U A M L
P M X I V H Y R I U Y W X U G I P A X U
C W J P P B X S O G G Y L D B V W F E M
H K L V E Q S C A R E C R O W Q Z R N B
J S W W E L L Y B O O T S B Q J Q O M R
Q S W E A T H E R P W T W K R D W S I E
D M K H Z R B V J N O X S X N R C T U L
L U I H S A A X Z Z O F G N U I P P G L
V D F A Q I I J A Q Q E G E Z I A O A
J P O S R S F D N A F P O L W Z H S Y A
G U G J O A O V K C C M I S T L D W Y Z
R D P Y H B I E B Y O K U I U E J N E R
G D W E P O F N M M G A E Q P D I I G L
F L N T I O B F I U W Z T T X A A O R R
E E T L T M I G S F C H E A R J L M Z N
P M A Q L W B L T P H N D E G S F V P F
R F G E B Z H X Y U Z Z T W E T W A H T
B P D D E W Y D Y F K O R A N G E T N X
O R Z U C S P L Y D T C B F O G G Y L N
K O A H I V U S E J O X G C S C C M F M
```

DAMP	DEW	DRIZZLE
FOG	FOGGY	FROST
JACKET	MIST	MISTY
MUD	MUD PUDDLE	ORANGE
RAIN	RAINCOAT	RAINY
SCARECROW	SOGGY	UMBRELLA
WEATHER	WELLY BOOTS	WET

Autumn #5

```
B R G D S X L I F Z O J U J J A L I Q Y
B T A I M S H M I H H Y Y S L E A I C Q
R R C B E E E U J U I Q J E Y W L N J Y
F A G W U C D R E H V K K E B I R O G P
E N W F O N N I E B Z D E S A N V H A X
S Q M G O O D Y T N X W X R N M Y A T C
C U B F F G D A I A I W T R E A C R H I
C I D B O V G L N J T T L R Y S Q V E N
S L N R V L G Y A C Y I Y W A L K E R S
B I R W T B I Y G N E J O L U D U S I A
O T H P F O O A Z E D X H N V K C T N O
U Y N L D O Z X G H D K B T L F B I G D
N H Q A K T R E V E J Q A B W E W N D R
T A S H T Q Q E Z B Y E E I D U Y G J N
Y M E U K U D L S Z R W U U X F L T L T
T R H M X E R O X T P N T N P A T H O I
F W P J O Y H E E G G I N G V T P S U P
U P E N V C H R E F L E C T I O N D N X
B W I L D L I F E O K N C U Q H N Y V T
D S A N S I H D S G A B M D O V A M M H
```

ABUNDANCE	BOUNTY	FOGGY
FOLIAGE	FOREST	GATHERING
HARVESTING	HIKE	JOY
MEDITATION	NATURE	PATH
REFLECTION	RETREAT	SERENITY
SOLITUDE	TRAIL	TRANQUILITY
WALK	WILDLIFE	WOODLAND

Winter #1

```
G I C E S K A T I N G I Y Q I X O H Z H
L S N O W B O A R D I N G G L A X J E E
F F Y H G G A E L F G S F C S V F T H R
P A R H O H O T C H O C O L A T E D Y E
T T S E N V Z C G I Y G S X C F Z I B B
U U Y K E P A N V C I H G L A G R I L U
Q Z H P O Z I B H E R C X Y E D V U I U
L A J N O I I J J X N I I X Q D P M Z M
M O H E K X H N C J X V G C L B Z Y Z A
K F P S U U A G E H U S A L N J E A R
P D A W C F K L S D O E N G Q E K D R S
S I Q I R U L F W O C H O C X A C F D H
W Y N A C A Q P W A K Q W O L Z M V A M
L I C T B Q D D L H E M N F Q L G Z J A
W S N W O L G P A V Y A W F P A U P D L
R M O T O F E C H F M O T R R Q S C B L
B N H C E R H L Z W N R D Z A O Z A Q O
S J W S I R W V O S A L H B K G S J O W
R H H F L P M N L J W Q P K J J H T T L
R I D E U L S M Y C E E R E E A J I V E
```

BLIZZARD	COLD	FIREPLACE
FOGGY	FREEZING	FROST
HOCKEY	HOT CHOCOLATE	ICE
ICE SKATING	ICICLE	MARSHMALLOW
SCARF	SKIING	SLED
SNOW	SNOWBALL	SNOWBOARDING
SNOWFLAKE	SNOWMAN	WINTER

Winter #2

```
E P B W A A D L U V U R G T C V A I S D
K J S N O W S U I T Q F Y T T N I C N V
G N L P V B Z O I S S R B S I R O E O Z
I G R L I B H B T E N H L N S M S F W E
S M G D R I C O I P O A I O N Y N I F O
W M P X R U O U U L W N Z W O B O S A L
A K R B M B K K A W A P Z S W Q W H L W
M C B A J P S R T I N V A T D E B I L X
J Y T Y K E O D H N G Z R O R H A N H N
S A G I V R I N E T E I D R I C N G Y H
H K H O U G N T R E L T L M F J K Q P X
V M L A I R I E M R F X P G T I W O O C
P G J R D B S M O M I T T E N S F J T C
F W F V T Z C P S E A Q F C J X W A H O
W X E S N B M S O G I W C N I A I C E A
L M O R S M U X K R V Z W H Y L G K R T
P R E J B X W R Q L T Q F Z Z N L E M D
F W N U B Z E E J K L S S F R Q F T I Y
B M P Z K R Q Q O E H B U J P S W U A W
Q S S G D A N O X T Z G A V P E H O V C
```

AURORA	BLIZZARD	BOOTS
COAT	FRIGID	FROSTBITE
GLOVES	HAT	HYPOTHERMIA
ICE FISHING	JACKET	MITTENS
SNOW ANGEL	SNOWBANK	SNOWDRIFT
SNOWFALL	SNOWSTORM	SNOWSUIT
SPORTS	THERMOS	WINTER

Winter #3

```
B B D D G A D W N X E R V Q L P R O I J
L J V M T M D M J Q H C J H Q R Q I W V
G G N W W O Y W S N O W D A Y S S I G J
O P Q Q N P Y V W S K I R E S O R T S S
H H J F U C E Y R I Q V R R R O R W C N X
I Y U D F O J X A Z Y A A G N X S J O I
C N B J R L W X E R E E N O M S H A W E
Y N P C R D D E A W T R A V V L S P M
R E X H Y L L U R W A E W M N N F U L O
O V M W S Y R E E K B X A Y Q T R C O U
A Y P A W B T N R M B E A R K P O X W N
D U M G E U I A E S G B H H W Z S P N T
S X R F O H P C M X T A H Q A L T Y A A
M B E E K H E U V M K K T L N D Y O Y I
T I G W L D L M K G V K R Z J C K Y N
G H N P C H M E U O F W W D A N D K E U
G T R G C K M N U X Y X L R A C C F R F
P D Q S L A A J I A L P I N E C E V I U
X E H H V H J C H R I S T M A S L U S H
Z G C J U J A N U A R Y E K R O T I U J
```

ALPINE	BEAR	CHRISTMAS
COAT	COLDLY	DECEMBER
FEBRUARY	FROSTY	HANUKKAH
ICY ROADS	JANUARY	KWANZAA
MOUNTAIN	NEW YEAR	OUTERWEAR
PARKA	SKI RESORT	SLUSH
SNOW DAY	SNOWPLOW	XMAS

Winter #4

```
D Z C M P G Y B C T Y M B V L S Y Y S U
V E F R A N S R D W G I Y Y P A F O N F
C R L R T G Z S O Z L T P M C K J A W I
C X G T E P R N A Y O T G K M D V E P Q
C K C P G E S G N K V E T R S S S D H M
B H J X S P Z Q M M E N I H H X F I J X
B N F L X K Q I J H S S I L Y E W Z C J
G O Z R K I I S N A G R C C O L D U N M
C O O F E O C I N G C F R O Z E N L Y W
O J W T R E S E N O L K Y T O P N O Q I
L W S Z S O Z J Q G W Y E J S W R S K N
D A P P B S S I F N G F V T N V E Q I T
W N U Y T N G T N E D R U Q C D I P R E
A H U A Y O H F L G B W C L N R Z O T R
T U O F F W U Z Y B D R Z F O X M A S W
E C X J S M Y A S L L S U V D V K V V E
R C Q Y J A C U R Z F G W A X M B R W A
W N H B X N T O W Y L S T U R H J M X R
G A H V F R W Y T B O F W T I Y C D L G
J B X K O I W K O A S N O W F I E L D O
```

BOOTS   COAT   COLD
COLDWATER   FEBRUARY   FREEZING
FREEZINGLY   FROST   FROZENLY
GLOVES   ICE   JACKET
MITTENS   SKIING   SNOW
SNOWFIELD   SNOWFUL   SNOWMAN
WINTERWEAR   WORLD   XMAS

Insects #1

```
K G T T K S S T L M U F W O K J Z A S C
E F I A N X P Y Y A T E V A W X F A W Z
S W M L C Y Y O H X R K T D F L Y A O G
D U H R K R I T P Y R V J G K Z V D F R
R N K E M G O D T C K A A F D H D V I A
A X A N T M B X Y C V P V D J A A I R S
G L A D Y B U G A A F I N S E C T M E S
O S W Q G E E T M T Z W X M L H Y H F H
N K N P Q D F N A E F A Y L A L D N L O
F K S U Y B V V G R K S K C F B R U Y P
L A D K H X U O G P M R L E S H L P P Y
Y T T L H C X D O I L W E C O N H O U E
A Y H A Y G B J T L M S U T V X T C O R
R D B O I N L O V L M Q I B A J U U G D
W I E Y R J O O U A P U X P H K E S K G
E D E R B N O Y D R Q Q H G D Y D T K D
K W T D E U E Y N S I G C R I C K E T S
U H L A B E E T O R Z P W R A B R Q H U
U O E E U X N M J D V M C F B B M B B Z
P H Q H D D A Z H K B U T T E R F L Y J
```

ANT	BEE	BEETLE
BUTTERFLY	CATERPILLAR	CRICKET
DAMSELFLY	DRAGONFLY	FIREFLY
FLY	GRASSHOPPER	HORNET
INSECT	KATYDID	LADYBUG
LARVA	LOCUST	MAGGOT
MOSQUITO	MOTH	WASP

Insects #2

```
I F R L R V W B L A C K W I D O W M L C
T V P T H R U P Y K E H I P M Y S T P G
S Q M Y M F T E S F Q G W K T I U N G O
T A W J P K T A S C O R P I O N H U M Z
I B K Z P B G A R H N L V R P R B I G F
C A K S I K D M C A G T E A A D P B L E
K K J T P N N A D H N D E P E M W R O T
I C D C S I O P C V I T H B B I Z F U E
N X H J P R L D S P K X U Q C L I O S R
S J O J K Y I R S Y T X L L I L G L E M
E K E C B H B N Y D L I L Q A I T E P I
C I O C P Y A G Y E S L C X B P H J Y T
T C B A F P I L D F I H I K L E R C N E
S J Q R F W F E J I L T H D S D I P Z M
R U D N R Q P H K Y E E W X W E P Q H M
F W R A V I Y O X L M P A Y P H A J F D
T J E U T V X W E X C I S X T H J J E X
P A J N T L E A F I N S E C T V M O O F
Z X E S I L V E R F I S H K J M C V O M
R C L W A L K I N G S T I C K C A F N D
```

APHID	BEDBUG	BLACK WIDOW
CENTIPEDE	COCKROACH	EARWIG
FLEA	FLY	LEAF INSECT
LOUSE	MILLIPEDE	PSYLLID
SCORPION	SILVERFISH	SPIDER
STICK INSECT	TARANTULA	TERMITE
THRIP	TICKS	WALKING STICK

Professions #1

```
Q S K V U N E G E L E C T R I C I A N P
Z O L C B R U F V Y C B A H J M Q K T K
G K O R H D T R V E T E R I N A R I A N
N O S E Y Y A F S X W G V W T O I D Y A
M D L C B V O C P E U J X J Y Q W O O R
G F E M I A V B C L F F K E V I H C J C
L I P J Q E R N Y O U D S A W Z W T K H
O R V U A G N T J P U M I I T Z F O N I
E E C T W T U T I Z H N B X S M H R E T
P F R G Z B E J I S O A T E T E C X N E
R I Q J E B A P V S T U R A R K H E G C
O G V T C A R P E N T E R M N B E D I T
F H D G L V L A W Y E R A D A T F I N T
E T E G Q G U E Y W T J A C N C Z B E C
S E N B W U M S Q O G F Z Q H F I X E X
S R T B P I L O T U X U X S K E W S R Q
I N I O H A T H O I C W R D B B R W T N
O U S M E C H A N I C S O W L J E N S Y
N C T P O L I C E O F F I C E R O K N A
L N C L Z H E W M P D E P L Y A T F Y H
```

ACCOUNTANT	ARCHITECT	ARTIST
CARPENTER	CHEF	DENTIST
DOCTOR	ELECTRICIAN	ENGINEER
FIREFIGHTER	LAWYER	MECHANIC
NURSE	PHARMACIST	PILOT
PLUMBER	POLICE OFFICER	PROFESSION
SCIENTIST	TEACHER	VETERINARIAN

Professions #2

```
N L G O A E N T R E P R E N E U R F P Z
Y T K P N J O U R N A L I S T N K F K R
Y K X V Y E A H A I E S A G Z U Q R J I
J D F M B X N R C V X F N C H I P D G L
B V I C L L I B R A R I A N T Z G E M N
S N C C O U N S E L O R P Q K O R H U J
O D B U C R Z Z H T J V Y B I N R O S U
C A A C O H E D P K H Q O A R T F I I S
I M R O N P D C N H J E N Y S Q B V C J
A A T A S R A G E B O O R I B T O A I L
L N E C U E S T R P S T G A R G U M A I
W A N H L J J B H R T O O E P M O T N L
O G D V T Z O W E L L I V G N I A P N W
R E E L A L A P R O E I O T R N S Y Y J
K R R G N E S E H T R T O N V A H T S A
E J U S T E T C Q D T L E H I P P I T D
R O C Q L I Y A I G I U K G N S F H I C
B C B A R S P X V P I D H K W Y T V E J
U M S W P B A S S S E C R E T A R Y U R
C Z Y R E T V F G N U J N V Y L M M K M
```

ACTOR	ATHLETE	BARTENDER
COACH	CONSULTANT	COUNSELOR
ENTREPRENEUR	JOURNALIST	LIBRARIAN
MANAGER	MUSICIAN	PHOTOGRAPHER
PILOT	PSYCHOLOGIST	RECEPTIONIST
SALESPERSON	SECRETARY	SOCIAL WORKER
TAXI DRIVER	THERAPIST	WRITER

Transport #1

```
R Z A H I P A M T X A R G D E X Z D V O
R N W V Y K T G O G Q R R J G E R M M A
Y M V G V Q R M F T A A E G F A W X Q E
I T W B I H U X B C O A B D C E Y Q Y C
C H I I W K C J E B U R T P U D R H U C
S E S C P E K L E R X B C K H O T R S E
R L G Y F W B T L F W L U Y K U B R Y D
V I M C C A A J G W S U Y D C R W B R Y
B C I L C K Q B R I H E S T F L T Y U T
F O N E S H J E N H N H U J X O E D U H
N P C N A T T F S A E O B T R A M L T Y
X T N B M O E U L N M H W S J V H A E P
X E K T O K B P W Q I C A W P J O Z U K
D R D C D T R N J N O U Y V B B V A N J
J J S Z P I I K R Y V W J D J O T H Z E
T E B I A A V T A X I P V P B H X N Y T
U O H N R U T Z L P D G X R C W R H T S
Y S G T X C P F T E U W G A I T D R K K
Q K R H H G L S Y K M Z Y E N M D G Y I
B L P A B R Q Y U T R A N S P O R T B N
```

AIRPLANE	BICYCLE	BOAT
BUS	CABLE CAR	CAR
FERRY	HELICOPTER	JET SKI
MOTORCYCLE	SCOOTER	SHIP
SKATEBOARD	SUBWAY	TAXI
TRAIN	TRAM	TRANSPORT
TRUCK	VAN	YACHT

Ocean #1

```
P M S D O L P H I N N T S E A G U L L K
S B X X Z P S U R F A R V C D R M M R W
E Z Y U Y K T V X J I Y F X W O C E A N
A R M G R A E Q N S A N D I V A A E L J
W Z S A L H S A B U Z A X S S N O A S I
E C H E R X C Z E J B T B L F H R S B U
E S C R Q S N N A C X M A T Z O L N F U
D W C R T Y I S C V H K S H C B J I T L
R L X S A O H J H F M S Y W B N Q F F M
F S Z E O B S C C X T T R A P E Y S N L
O E U A U E T H U P S E V O D M H P U
W A J S C L G B O R J C E E B P I E K T
D Q I H O A C U Z R R W F S I A C L N S
B V I E A H U P F E E G P L S J L J N
I A J L S V D U O H M Z N R Q U Q A C A
O G Q L T P T I D E A J W T M S I W F D
V X A Z V Q R Q A E G O Z Q A Z J L J R
F B R T B D T M I Q B J C F V Y Z A E S
M S D O C D Q N O Z W H A L E H R G O U
S A A V W K U J Q G Y S R Y G J J S R M
```

BEACH	COAST	CORAL
CRAB	CURRENT	DOLPHIN
FISH	OCEAN	REEF
SAND	SEA	SEAGULL
SEASHELL	SEAWEED	SHARK
SHELL	SHORE	SURF
TIDE	WAVE	WHALE

Ocean #2

```
M M I N N M A N T A R A Y D Q D T A L R
A D Y G R Y P V S W O R D F I S H A Q E
W A B U H L O B S T E R A C S U A T S S
F E I O R H S A X U U K W R J N W R J H
N A X I P U F I I S A N B A G P O K E W
G K G I P N K V V Q Y B A O T H V R E N
B G W O D K M A Y U N S Y A A B O A A H
N P T W X Z F C C I O W X E T H G I Z A
J C T U R T L E F D M P S I S L E H T H
O Y S D S M O Y S T E R S A A S S Y I D
C E T B A T W C F N N X E W U I N N Q J
T W E L H X G U N O S S H R F A B D K P
F F C R M B V I I R N Z L Y E M H F C U
S T K G H F L L H I M A L C N Y W D X D
E B U J O R A K U I W L O C B L E U O F
C R A B A E F G H P E R V I G Y D Z G H
L R O M S K N Z Y J H M U S S E L V J J
W D T R Z E M Y O Z D L G E O U I B P Z
V N E R P Z K S T A R F I S H V D L B C
Y N I Y E R D W S E A G R A S S J L X C
```

ALGAE	CLAM	CRAB
JELLYFISH	LOBSTER	MANTA RAY
MARLIN	MUSSEL	OCEAN
OCTOPUS	OYSTER	PENGUIN
SEA LION	SEAGRASS	SEAHORSE
SEASHORE	SQUID	STARFISH
SWORDFISH	TURTLE	WALRUS

Ocean #3

```
T P G E I G Q B X P Q E F O J Q B W A N
H E O V W N Z L A S R M I B M J O W B P
Q N B Q R Q L Y N R B R E A K W A T E R
P I K U T O N A M V N J K Y D F U H V W
N N Z S T W N C M L I A I S L A N D O M
W S C A Y W F H T P Z Q C K I T I G F X
I U P Q G L T T P H K E R L A R A P T W
X L S F U U A I T U N A E U E L J M M E
A A N M L T H A N I H F R D E M Q R M A
N Q G V F S O R R S S P D P N V X V C V
Q M S F F B O A C S E T I M R H Z S R D
C P U H G M F F S D H S C D C X P U F
I U C J C B I R U G C J L A Q Z Z L I I
Q W C N U H Z O I R E S Z C I C L E S D
P P A S N W H H A A S H H T V L H B E Y
H G F S C T G P S F E R R Y Y K B M U N
Q X B R H A A C O R A L R E E F H O D K
S R P G T W C G G E N Z F V H N Z N A I
U B I U B U O Y A O J B M X O R G N J T
G L S E A S H O R E L Y D D G R E X X X
```

ANCHOR	ARCHIPELAGO	ATOLL
BARNACLE	BAY	BOAT
BREAKWATER	BUOY	CORAL REEF
CRUISE	FERRY	GULF
ISLAND	LIGHTHOUSE	PENINSULA
SAILBOAT	SEASHORE	SHARK
SHIP	SUBMARINE	YACHT

Christmas #1

```
M F Y L W D L D I C I C I T K R E W S D
C N M X T N D C I G F G L R O W I A J E
Y F I Q L B M I B W I I X A P I T F W C
O Q S R B P I I P G P F R X U E G E U O
S O T D I E L T A N Y R T E D S H Y S R
M I L T R R K V S E J T E S P D J A E A
Y W E J Y P Q P N C Z P X S U L M Z Z T
C C T D R W R M X L C Y Q M E T A N G I
O V O O Q X I Y D K G I K S S N L C F O
O K E R V H W L Y P S Q V I L R T J E N
K Z U N C S I Y W S O Q R N W E Y S C S
I T X A Z T S A N T A P N O L I L Z C
E R Z M O O I R A R C J Z D L G Y G B V
S E U E C C N L E J I R E O H A T P H U
X E C N S K C E J U Z I H T C R P C R C
Y Z Q T U I D A K C I F A A J L A U U N
V P O S H N K B N W H E K T T A A A K Q
X W G J I G X T L D R A Q I J N I E R H
O F P E F Z N M S W Y F E M W D C K M M
N M R L I G H T S X L T O G K Z U Z O P
```

CANDY	CHIMNEY	CHRISTMAS
CLAUS	COOKIES	DECORATIONS
FIREPLACE	GARLAND	GIFTS
HOLLY	LIGHTS	MILK
MISTLETOE	ORNAMENTS	PRESENTS
REINDEER	SANTA	SLEIGH
STOCKING	TREE	WREATH

Christmas #2

```
U E O H K P Q S S O D L N I E Z G S M W
Z C E L V U Y O N F V R G P Y Y H Y T R
P N Q C S G X V D O N L V X O C M L W O
L C S B C T I F Q Y W W P J A L L P Q K
T A Z S H G S E L B J Z O J C L S Y B X
R N D N E F W I G J M Z Z B A V M U C D
A D E O F L M R G R F O X B W G Y B E H
D Y F W A A F P G Y B U W S I K J A L C
I C P F F U C R M I F O B T N B J Q E G
T A J L S F T J O P N Y Q T T M U V B Y
I N Y A I V R U E S E G O K E F O U R O
O E L K S L W I M D T A E H R L O U A H
N X A E T A C D E N E Y C R I F G Z T H
S R I T E F K Q B N I C W E B P G L I I
O N S Q R A T E T C D T E F C R Z U O P
X N O W H S T L N Y O S O M B A E L N E
L X A W H U P V M N C Q Q K B Y R A S Z
I L U V M P I E G G N O G U Z E P O D F
C Z D J O A D N S I X W P G K F R Z L B
Y N Z H Z K N Y M O T H E R Q W F G X D
```

AUTUMN	CANDY CANE	CAROL
CELEBRATION	DECEMBER	EGGNOG
FAMILY	FRIENDS	FROSTY
GINGERBREAD	JOY	LOVE
MOTHER	PEACE	SISTER
SNOW	SNOWBALL	SNOWFLAKE
SNOWMAN	TRADITION	WINTER

```
S Q U F B X J E Y S I L H H T R Q M K K
T Y H D Z T L O Q Y H V N R S X I W F Q
H N S T W C U B S M P Y Y R X M F C N K
M G R E A Y W R J E Y I J K G H E U M S
D L M R I M X O M E P W J S Y T G U Y H
N V I E N A C T I J S H I T A A G M P E
H M V V L G F H U L A U I S F E A T W P
C O W Q Y I V E A L K V S C E G T J H H
G A P V G Q G R Y P I N S J A M R U F E
I C N E Z D M L G T A M A H W T E L L R
G Y A D K N G A A R D Z C N O A Y N I D
G A T M L W Q N S K A R S Z G P C O K S
G N E O G E Y B S S U X T U Y E H G C X
V M I D N I G H T H B J U Q S C L X D M
D N B C S T A R C N M A R Y C D V S K G
X K O E N E M L J B E T H L E H E M V P
C N Q L L U Y A B X S T N H E K G L V D
Z W B E F L H Y Z T L A U Q G K X X M B
B H T L G Q S L C Y L S P I R I T W Q J
I E M N M L B M T Y H O L Y H F J I W S
```

ANGELS	BELLS	BETHLEHEM
BROTHER	CANDLE	CHOIR
CHURCH	HOLY	HOPE
JESUS	JOSEPH	MAGI
MARY	MASS	MIDNIGHT
MIRACLE	NATIVITY	SHEPHERDS
SPIRIT	STAR	WISE MEN

Capitals #1

```
M Q B E L M O P A N D F O I J U P D E B
G B H B B D B C N I K A L G I E R S O N
B A M H K T U R U D U C G G B J I G P P
U S W O T T W E I O V S D J E G N Z O N
E P T I R A N A S D L R M X R P Q B D E
N C F L K Q B R M E G S I A L Q C A T I
O E Y Y S E U T S F I E D L I F H K B C
S S C C O A E S H R Q N T B N M N U I N
A Z U Q S L U Z A U A G M O K T D N M R
I E R S F R B P T U L O J K W G H D F L
R B A X B I T M L U Y C S F C N A L G K
E N J R I F G A B X M V T T R X K B W I
S X U O P M M A R V H C A V E S A D L E
M Z O P D A K W G B U T A Y Z H F C V R
N I P L N L R P D Y O N G N P K R N I N
K V U A M I N S K F U A X B B P Y A E G
V J M B Y L P O R T O N O V O E A O N X
Y Z Y L M Y E R E V A N U X D Z R J N I
I T H I M P H U X G W Z O X Q J O R A S
H N Q X F O N L I H B W Z B W M D C A L
```

ALGIERS	BAKU	BELMOPAN
BERLIN	BRIDGETOWN	BRUSSELS
BUENOS AIRES	CANBERRA	DHAKA
KABUL	LUANDA	MANAMA
MINSK	NASSAU	PARIS
PORTO-NOVO	TEHRAN	THIMPHU
TIRANA	VIENNA	YEREVAN

Capitals #2

```
T O F G U P Y W M V N P F A N V C D A Y
X D G U V T L A G H S W P E R Q Q L V E
X C C A U P F O J H U L F R G B F U S
G U N J L B R J M U Y I I M Z J N T B A
S E M G B G B T H U N E P G Q A I D B R
G G K V M W R D E M N D B E I J I N G A
D K I N S H A S A B O F E E N J Y S H J
A P A R I S X S B X D R B T V F S I H E
S D G A B O R O N E U O O L S U A I B V
A O L N M N F Y S U B Z P N I V N Y R O
N L S J W E V L O H L V T S I K J P A D
T P J B T L O A F U I E I M K G O R S Q
I Q L H V B J P I A N L Y W X C S A I X
A B V L F B M A A D I H N E A L E I L D
G O E S S Q E Z D B K V M A J R J A I Q
O G C B F M X R T I Y E U G O L S B A Q
Q O G K C I L D L L L M M C P S V A S W
V T U O T T A W A I O I Z S Q I X F W X
D A V B B A N G U I N E Y K R Q Z F K I
T L D K J S R X X D K S L T P P F K C P
```

BANGUI	BEIJING	BERLIN
BOGOTA	BRASILIA	DILI
DUBLIN	GABORONE	KINSHASA
LA PAZ	MORONI	OTTAWA
PARIS	PRAIA	SAN JOSE
SANTIAGO	SARAJEVO	SOFIA
TBILISI	WARSAW	YAOUNDE

Capitals #3

```
H S Z D W U S V N H Z V J Z N W A R R U
R T Q B T C Q K W S S M S J X W K M N J
V A S B D V I S Y H U O R B C C Y A M R
W S T P T N U E W S P V L A A M M I V K
M M W O R R Y D X W C B A N D M Q I V W
F A D D H W X Z F P K P I J A L B S E L
F R M B S B W I A L L T D U D A R U Z L
Q A V S M F E C R G S O J L N V A L W V
U D E A A D M R A I R N U A X E B I L Z
I T A L L I N N R I E E V N S O V B H P
T Y Y O A X W P J G R A B O R F G R E X
O S Q T B V T R A W H O R Y T B V E L H
F K X K O Z W H X B L B N G Y X W V S I
P F B E B N N A D A N Z M C O A Q I I R
A D H J C E N D P A R I S I V N U L N W
Q R Y K P A L I O Y W S C C N R H L K J
U P T O T N N L L I N U N O U S A E I Q
A Z C S V X B I X L E T U M S B K L I K
R F A X O L M P V I F P G R O I R P J H
E S C D Q P P R A G U E G P A A A Y P H
```

AMMAN	ASMARA	ASTANA
BANJUL	CAIRO	COPENHAGEN
DILI	HAVANA	HELSINKI
LIBREVILLE	MALABO	MINSK
NICOSIA	PARIS	PRAGUE
PRISTINA	QUITO	ROSEAU
SUVA	TALLINN	ZAGREB

Body parts #1

```
Z W Y H T O G W R C U H K G E X J N D H
F R R N A O B Z G B H W E Z S Y P S Q M
J O M G G Q N H G H H E Y W E W T I E S
I G R G R C W G E D I M E F X A R U L R
B F C E M R A E U X H I L K L I M Z V Q
W A M F H O N R Y E L N B J F U P G G M
H N N O O E U K M E D F O U W L V X J O
O C Q R B Q A T C X B Q W Y S M A I E H
S M H E O N E D H B L R H Z K N D I S U
H R A A E Y E I Z T P U O Z L Y E A E Z
O H I R S X R R N U Y A W W A I L C N I
U Q R M P L B L V G U R N V N E P P K Y
L T O O T H J Q G F A C E O Y V T B H J
D P E U D R I S E U J J Z E Z W M L H U
E K X D V H H L Z P U J R M J L J I H P
R J H W N F K S K B K C F Q N O S E Q U
A C T E K V Q X J O N E H R S X P F Y B
R C D Z A H J T D D K B A I J R Y C C B
A D U M Z D P L D Y E H W R N R U M Y E
X D N K N Z V K N R Y O H A N O K U O Q
```

ARM	BODY	CHEEK
CHIN	EAR	ELBOW
EYE	EYEBROW	EYELASH
FACE	FOREARM	FOREHEAD
HAIR	HEAD	LIP
MOUTH	NECK	NOSE
SHOULDER	TONGUE	TOOTH

```
W H V R A C O N S T E L L A T I O N H S
Z A W O W X N I M P L U K V P R S E D Z
H Q Q C I O H H K K M F L X R D U C S A
T E F K L F M E T E O R I T E V N E L S
C T S E Z W Y Q T N A D S Y C C A L S T
J H M T Q Q W S O H V K Y D D G O E F R
B O H E X D Y O T Z H M E T E O R S I O
E Q R A T S M H A R X F R G Q J Y T O N
H T D N R E A S A A S A B P V W K I K O
F C H A E C O S Z J T A O Q L T F A M M
U D L U V B M R T S G M T R W A Z L Z Y
P O P N N A U B O R I E F E B K N F B Q
S X U I J B S L H I O I Y C L I D E M M
P Y H V E M Y T A G D P Z O J L T X T Z
K A S E J Y W J E Y V T H O C E I E O C
X T P R I Y U Q W R H I E Y O K M T C Q
J U A S Z Y A C Q W O T C Z S O G V E B
F R C E F F Y N V V F I V Y C I Z R N K
P C E R G R M C C W W R D Q J V C W M D
B K T Z L E G A L A X Y J Y A W W S U N
```

ASTEROID	ASTRONOMY	ASTROPHYSICS
CELESTIAL	COMET	CONSTELLATION
GALAXY	METEOR	METEORITE
METEOROID	MOON	NEBULA
ORBIT	PLANET	ROCKET
SATELLITE	SOLAR SYSTEM	SPACE
STAR	SUN	UNIVERSE

Astronomy #2

```
B O B S E R V A T O R Y I Q C V S Z Y N
U P X O F R U S P T H L C Q U B A O K P
Z D D M L G C G E X T O O I C A H A E Z
K P N M W E N N G F D R S R P F S R L A
U P G L P A A D A U F I M O Q Z Z A J S
I T D T B L W R O L K O O N W K P D R T
P M K G P Y C L S N Y N N T H K O W K R
E F I O A E C F U S G S A H X M A H D O
R B X G C T G U R H P U W T K A A W N
B E U A R R S J M E J P T P W I S R A A
E S P O S N Q M I E D P E J U E N N R U
L S O S X X U U L X A G R R S T A R F T
T Q E O O C D U K I E S I O N A S I P Q
A M J L U B A X Y L Q H T A C O E F L W
C N A S C A G I W W S A T E N K V K A D
G O H T E E J Q A K A E D B R T E A N Z
Z S U I N S V A Y W J B U K Z I W T E C
Z P S C B L A C K H O L E X J E S R T J
J D S E Z S A N D R O M E D A O H M P X
Z K S I Y E V Q T E L E S C O P E J M G
```

ANDROMEDA   ASTERISM   ASTRONAUT
BIG BANG   BLACK HOLE   COSMONAUT
DWARF PLANET   EXOPLANET   KUIPER BELT
MILKY WAY   OBSERVATORY   OORT CLOUD
ORION   QUASAR   RED GIANT
ROCKET   SOLSTICE   SPACECRAFT
STAR   SUPERNOVA   TELESCOPE

Astronomy #3

```
E C L I P S E X T E R R E S T R I A L L
W I P O E C L I P T I C N V S J I F D Y
R Z J X A T B T U V E T C J Q Y B U E T
B F Q M V X U E I G N X A R N Q S L Q H
M I C E G I A N T A Z L A H P F M P D N
N I T U J P I Y I D E F D L O C F O A N
N G B W H O R G N A N P A I L O D W R G
R W H K G A S I V J I I J G P S G M K I
K H K T L A W G V N T V H Q M H P M N
V J C L G R J C G K H W T T W I P U A T
J O E V A C U O A U I P H Y Z C Q L T E
L T S L Y U J S S U A N J E V D E S T R
S V O N P U Z M K J R O N A X U Q A E S
J S P F Z S Z O H I M O R R P S U R R T
G R A V I T Y L Q D C S R I O T I T P E
R L S D J I F O A R E O W A O O N G W L
T E U E H H A G I X G L P U M N O E P L
B R E N C C I Y A W J A D F G A X K W A
R X M X A O K S K S O R I I L W I Z H R
K V G D J R A S T R O L A B E D M Q U Y
```

ASTROLABE	AURORA	COSMIC DUST
COSMOLOGY	DARK MATTER	ECLIPSE
ECLIPTIC	EQUINOX	GAS GIANT
GRAVITY	ICE GIANT	INTERSTELLAR
LIGHT-YEAR	LUNAR	ORION
PULSAR	SOLAR	SOLAR WIND
STELLAR	TERRESTRIAL	ZENITH

Spices #1

```
K C D O R O S E M A R Y G B I V D S A Z
I O R E R Y N P Q D A N O K L G Q X A W
P H B R A U I O Z K X Y E L C S I R C Z
B Q N B P P H A I Y C I I C V R A Z O F
L B S D A A D R F P L D X I S D L F R L
O S H H G S P S E V O H R N Z X L X I Q
A U A C B A I N N C V P H N G V S E A I
A D O F P A U L N U E R N A V F P B N W
J T C R F Q Y F E M Z R K M D S I A D A
S A G E E R S L L I J C G O T P C X E D
B G J Q S G O E N X D K N H I E P R P
B F U N J Z A N I A X C F U Y C N V L I
P B H O G J M N F U F P N D M E E J S Y
G Z E T U X G U O T P S V A E S G Z L K
S A L T Y X K F S G U T U R M E R I C O
I Q O E Z B U O E T D G I N G E R K Y D
F J Y I Y I D M G V A T O X W G R Z X B
U E L B L R T D Q D A R P X I L V D B Z
B D F Q K U J G Q X F Z D D O O K V D T
G S S Q N H L J M M N D F I N J M E Z O
```

ALLSPICE	BASIL	BAY LEAF
CINNAMON	CLOVE	CORIANDER
CUMIN	DILL	FENNEL
GINGER	MUSTARD	NUTMEG
OREGANO	PAPRIKA	ROSEMARY
SAFFRON	SAGE	SALT
SPICES	THYME	TURMERIC

Major Cities in the USA #1

```
Y O Y Q O Y D X A M L E X U U B I U F Z
L X I N Q W B J P H I L A D E L P H I A
M C A I G D E N V E R A V E J D S E N V
N L A D J A W L O S A N G E L E S M D E
P R U U U F D G O O D A L L A S S N I J
F C C P S H O U S T O N B Y R E A D A A
V O I H U T J F Z X E P L I N C O L N C
S L L C A K I M F X D U H G O D N A A K
E U X J A R W N D O Y C H I C A G O P S
A M Y W N N L Z F K V X R N M V H Z O O
T B I U I E W O A B F K L H V T S I L N
T U U D X N W H T P B E L V R Q K F I V
L S U U I K E A H T P V N O V U A C S I
E S A N J O S E R X E H W J W U U K U L
B L W E L D L J G K M T O F I E Y S Z L
S F P Q T Q E L P W R I N E W Y O R K E
W Z Q R S U U R H O S F A A N S L I K F
Y F P N B M X Z F A M I W M P I K W P R
K S A N D I E G O V X W K J I P X R G R
C W U B Q V G D F F V K U D T Y K F H R
```

AUSTIN	CHARLOTTE	CHICAGO
COLUMBUS	DALLAS	DENVER
FORT WORTH	HOUSTON	INDIANAPOLIS
JACKSONVILLE	LINCOLN	LOS ANGELES
MIAMI	NEW YORK	NEWARK
PHILADELPHIA	PHOENIX	PLANO
SAN DIEGO	SAN JOSE	SEATTLE

Major Cities in the USA #2

```
N Y P M P A L B U Q U E R Q U E S U D F
J T M Q J D G U D K O C Q E O Q A S W C
D Q U A W S U K M E S A H M X X I Q C Z
N B I C T D X G P O R T L A N D S U T Z
I K V N S L J Z W H O X H K Z Z V C D Q
L V I T N O A A F S X I J O P W D P H O
A H R O M S N N A R Y H X B W M B Y P K
S U Q L I N K P T O E E N D U W E W Z K
V G K E L H L D Z A D S D E T R O I T K
E L A D W E A R N Z L I N Z Z L M W J W
G O N O A Q C B A L T I M O R E B I F V
A U S N U S A C R A M E N T O U V M X D
S I A A K L D K W A W E A C S A Y O Y L
J S S S E H N S S H Q P C R U W Q U X X
D V C H E W Y L O N G B E A C H K T D S
N I I V M B U F W B O S T O N L Z Y J D
M L T I F T G O E A I Z V A B Q E P R A
O L Y L U U I B U O S A I N T P A U L H
V E W L X W G G C C M E M P H I S Z Y Y
I Y I E H X P Q O T T A P V J R O A M R
```

ALBUQUERQUE	ATLANTA	BALTIMORE
BOSTON	DETROIT	EL PASO
FRESNO	KANSAS CITY	LAS VEGAS
LONG BEACH	LOUISVILLE	MEMPHIS
MESA	MILWAUKEE	NASHVILLE
PORTLAND	SACRAMENTO	SAINT PAUL
TOLEDO	TUCSON	TULSA

Major Cities in the USA #3

```
H L M G W T A A R L I N G T O N F D D L
N H R S H Q N X C D O M V E S K H O K J
T R M A A N V C Z W I C H I T A D L K F
X W T X Q Q K N K E S K K P P Q I A P E
W M B L H E K O H K C A F Q E M M Z D C
L E D Y S I R A L N X A G G A A J I M P
U E L T T T N A C J P S A I R G S N I H
N K U M U A O E L M V R M O L R A E N R
M Q X N E L J C A E O V R S E W N W N N
R V G Q I W S T K H I U O V D J T O E Y
O M A H A J Z A C T A G I U K B A R A S
C L E V E L A N D Z O R H Z J J A L P L
G I O K C U A E U D C N V T T M N E O E
K H M L A R A L R N E W Y O R K A A L X
B W W O M D U X M Z C Q U V J N N N I I
P B K Q T L R F F Z X V M K Z O B S S N
S K D I O N Z Y A C L S F C N K R D D G
X Q T N L B A K E R S F I E L D Z P P T
I Q O O B R A A U B P X S S B I O D W O
M H J A A O A K L A N D T C P M I M U N
```

ANAHEIM	ANCHORAGE	ARLINGTON
AURORA	BAKERSFIELD	CLEVELAND
HONOLULU	LEXINGTON	MIAMI
MINNEAPOLIS	NEW ORLEANS	NEW YORK
OAKLAND	OMAHA	RALEIGH
RIVERSIDE	SANTA ANA	STOCKTON
TAMPA	TULSA	WICHITA

Garden #1

```
J Y M T D W A L K W A Y Z B U M R D Q L
I Z A T Z R Y U B P Q F Q L P K T Q B W
I E E R K P O F C C A M W B F N B X B P
E X F E X U K L O J D X U G A I P T R G
G F G L E Z X P E N J R M L G G L B R V
A E K L Y H D T V H H W P J F A A G N D
H N P I T E E Z W S K C B G Y T W R P P
X C I S D I H D B U Y D H P U E N A W W
U E P J L S N S G N Q E P A T H K S C O
H M B L U E V V Q E U C W G G Q B M S D C
O M G B D Z J P A B H K Q B S R A H H Z
R Y T R X L I E T W W O R K E P Y U Q X
C O A S U G A R J Q T L O W N Y T Q Z Z
P G N N H O R G A B I C O X D X T G U V
F J D G Z H B O M O L L E P Q H T B P U
Q V J Q X K O L S E F F D Z A P A R W W
O M O V J D R A J M H E M F O T N P E P
Z A R X S H L Z N E N R G K Z R I Y F E
O I Z E I A E Y C K C I O B P F Y O N G
X T E R R A C E O S C H N E J I Z D F Y
```

ARBOR	BUSH	DECK
FENCE	FLOWER	GARDEN
GATE	GRASS	HEDGE
LAWN	PATH	PATIO
PERGOLA	PLANT	SHRUB
SOIL	TERRACE	TREE
TRELLIS	WALKWAY	WORK

ZOO #1

```
M C I H I G T J C H K F L L R D U B W F
U F C T I G E E A A J A Z A U H V T T K
P X I Z F C E I K B M D G D W Z O I P W
F Z M N N H P D Z I J L Y N N W N N C I
P M W Q L K P A N T E N C L O S U R E L
Y N T E E Q Y A K A V Y U B H C H J V D
Y G E M V X V R M T O Z E M V J A L G L
S S N N C H V A O T R O N G M O G M I
M A A L N X K I Z D M D E I T T S C E F
B N N F W G L E B T A E Y S G R J K X E
H O V C A P H Z H I P A M O E U A D I T
V Z I U T R P S E C T E T I U R I N P C
H T S D W U I O Z K U H P O E S V D C Z
M W I F B V A X N E L S M I U T K E E E
W C T S O H K R Z T S S K G T R B E M P
P N O Q U C N S Y D F C C S E Q N R N A
R B R A D M I S S I O N R M X S H Y O R
E Y T B E A R O D V L A M Q I B U W G K
K S C O N S E R V A T I O N T V A V F K
L L B X R D X E L T Y H Z S V A M P H T
```

ADMISSION	ANIMAL	BEAR
CAGE	CONSERVATION	ENCLOSURE
ENTRANCE	EXHIBIT	EXIT
GUIDE	HABITAT	MAP
PARK	RESERVE	SAFARI
SANCTUARY	TICKET	TOUR
VISITOR	WILDLIFE	ZOO

```
F  I  C  G  S  E  R  E  N  I  T  Y
J  O  Y  H  R  P  E  A  C  E  N  D
S  P  W  T  R  A  R  R  E  N  F  L
G  T  P  O  S  I  T  I  V  E  R  A
B  I  R  D  R  C  S  I  N  T  I  U
W  M  D  H  I  L  A  T  T  G  E  G
N  I  H  O  P  E  D  T  M  U  N  H
A  S  N  D  G  V  C  V  E  A  D  T
R  M  S  T  B  E  A  C  H  I  S  E
S  U  M  M  E  R  L  O  V  E  H  R
R  E  L  A  X  R  M  B  R  A  I  N
H  A  P  P  I  N  E  S  S  T  P  Y
```

Cross out words from the list and the remaining letters will create a hidden message.

BEACH	FRIENDSHIP	PEACE
BIRD	GRATITUDE	POSITIVE
BRAIN	HAPPINESS	RELAX
CALM	HOPE	SERENITY
CAT	JOY	SPRING
CHRISTMAS	LAUGHTER	SUMMER
CLEVER	LOVE	WINTER
DOG	OPTIMISM	WORLD

The hidden message is:

....

....

SOLUTIONS

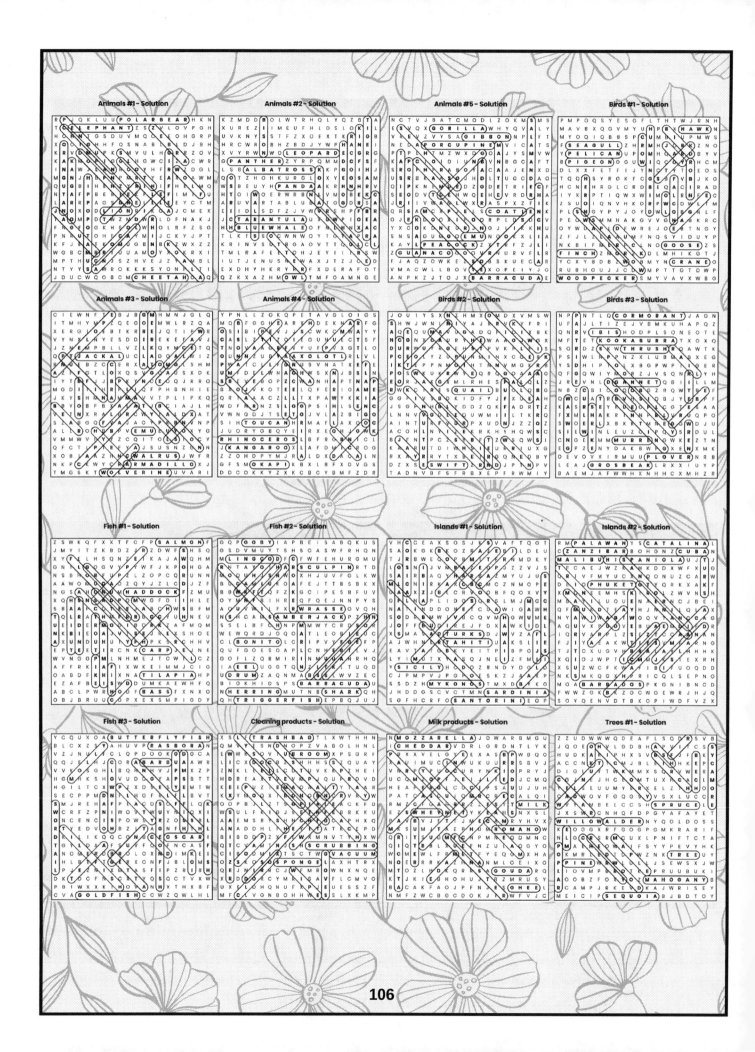

Animals #1 - Solution

Animals #2 - Solution

Animals #5 - Solution

Birds #1 - Solution

Animals #3 - Solution

Animals #4 - Solution

Birds #2 - Solution

Birds #3 - Solution

Fish #1 - Solution

Fish #2 - Solution

Islands #1 - Solution

Islands #2 - Solution

Fish #3 - Solution

Cleaning products - Solution

Milk products - Solution

Trees #1 - Solution

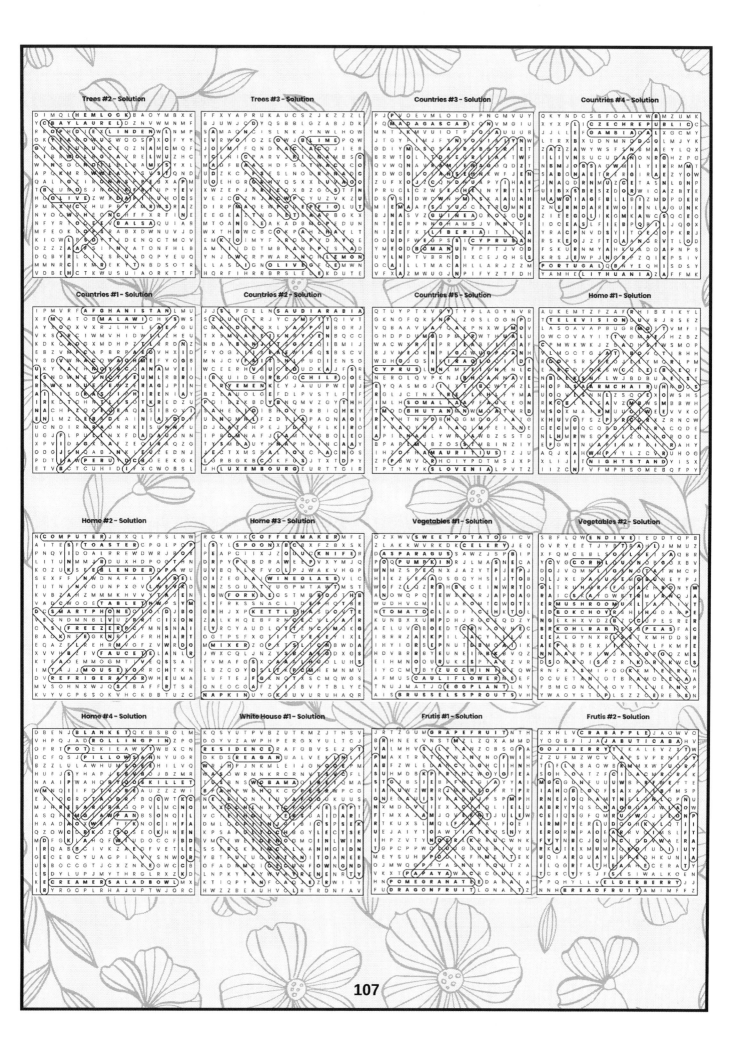

Trees #2 - Solution

Trees #3 - Solution

Countries #3 - Solution

Countries #4 - Solution

Countries #1 - Solution

Countries #2 - Solution

Countries #5 - Solution

Home #1 - Solution

Home #2 - Solution

Home #3 - Solution

Vegetables #1 - Solution

Vegetables #2 - Solution

Home #4 - Solution

White House #1 - Solution

Frutis #1 - Solution

Frutis #2 - Solution

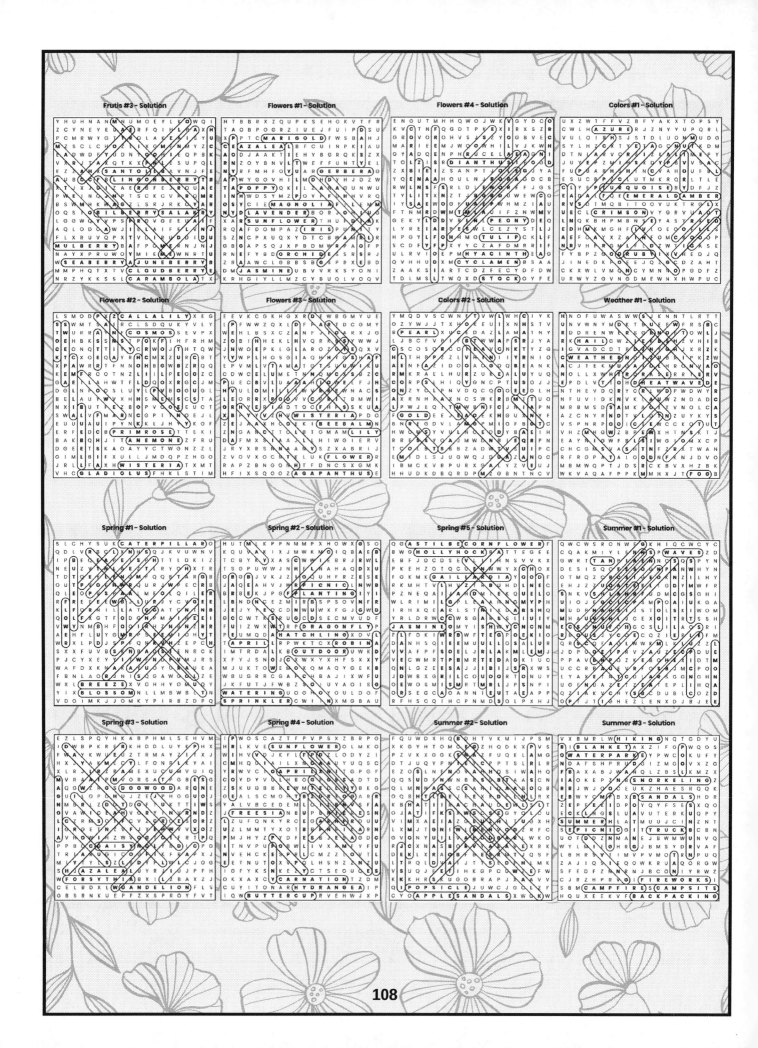

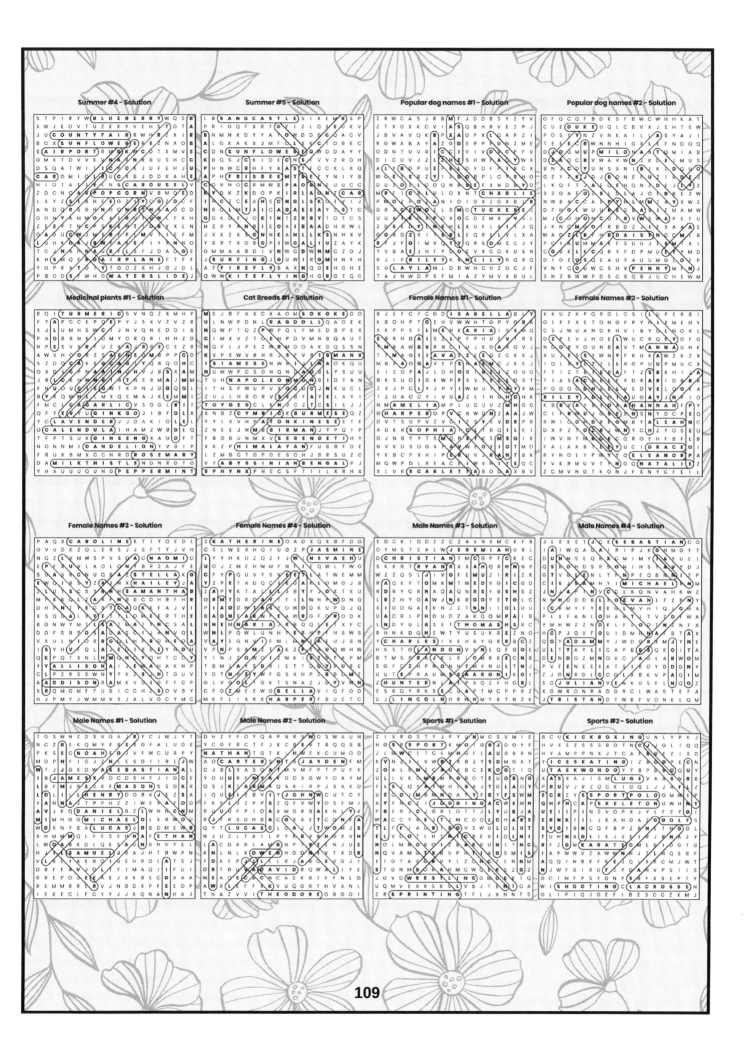

109

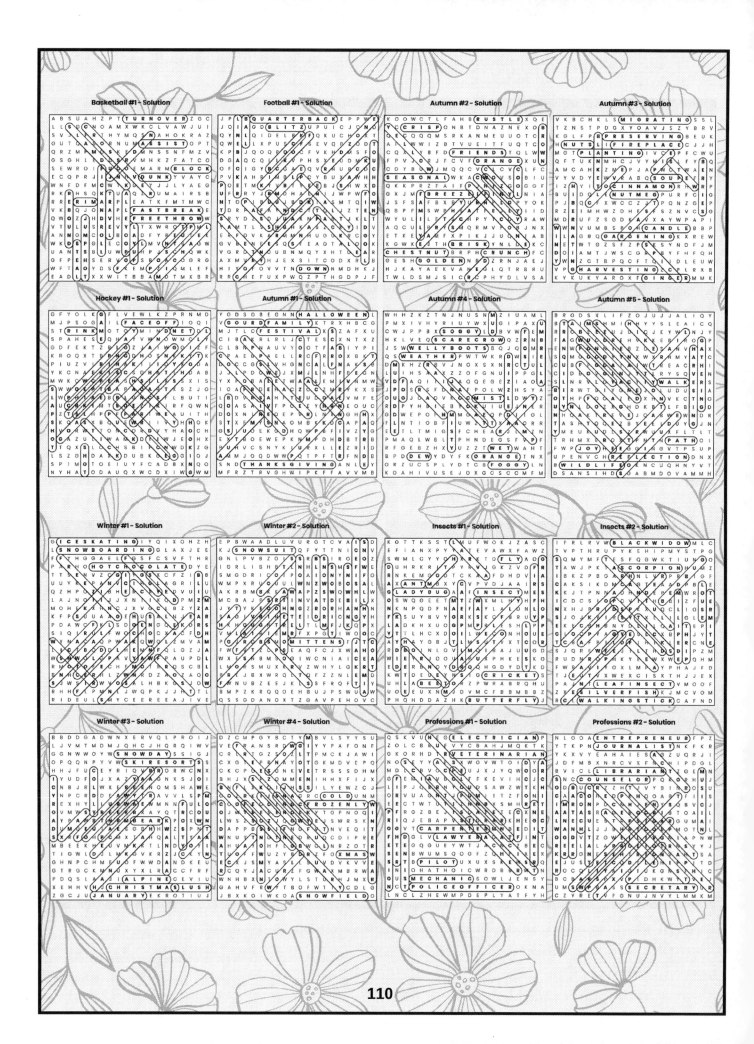

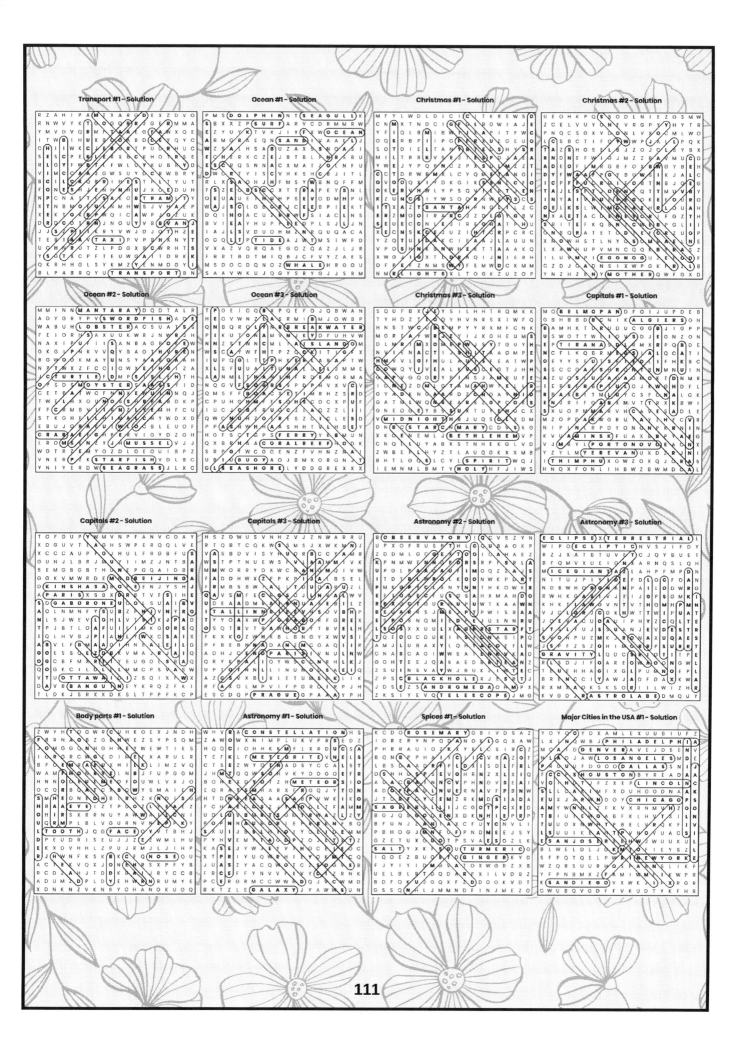

111

Major Cities in the USA #2 - Solution

Major Cities in the USA #3 - Solution

Garden #1 - Solution

ZOO #1 - Solution

112

That's it! Did you manage to find all the words? I'm glad you made it this far because it means you enjoyed the book and had fun until the very end, instead of tossing it aside!
I hope also you found a hidden message!

I'll remind you once again to scan the QR code if you haven't done so yet! If you're pleased with this book, perhaps you'd like to check out my other books from the 'Word Search' series.

I highly encourage you to do so! You can find all my books on my website, which is hidden behind the QR code or you can simply enter the link into your web browser. The website address is

www.damianpublisher.com

And remember to email me so I can include your name in my next book!

Wishing you a pleasant day and until next time!

Scan me!

Damian

Made in the USA
Las Vegas, NV
27 August 2024

94457983R00063